# 奈良の朝歩き、宵遊び

倉橋みどり

淡交社

## はじめに

奈良で暮らすようになって二十余年が過ぎた。
奈良のことを何も知らなかった私が、
最初は地域情報誌の取材や編集を通じ、
やがて、奈良に関する仕事をたくさんさせていただけるようになり、
だんだんと奈良の歴史や今について知るようになった。
いろいろな方から、いろいろな話を聞くうちにどんどん奈良のことが好きになっていった。

改めて、わたしは奈良のどういうところがこんなに好きなんだろうと考えてみる。

あのお寺、この神社、その博物館……いくつもの場所や行事とともに、
まだ薄暗い早朝の静かな奈良のまち、
そして、終電に自転車を走らせるときの落ち着いた夜のまちが、心に浮かんできた。

奈良のすてきなところを
朝と夜に、夕暮れ時も加えてまとめなおしてみたらどうだろう……。
そんな思いつきが、取材と撮影を重ねるうちにこの一冊になった。

奈良を旅する人にも、
そして奈良に暮らす人にも
「こんな奈良もあったんだな」と思っていただけるなら、
本当にうれしい。
なによりも本書を手にとってくださったことに感謝をこめて。

倉橋みどり

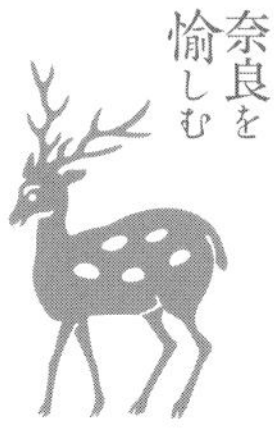


# 奈良の朝歩き、宵遊び

## 目次

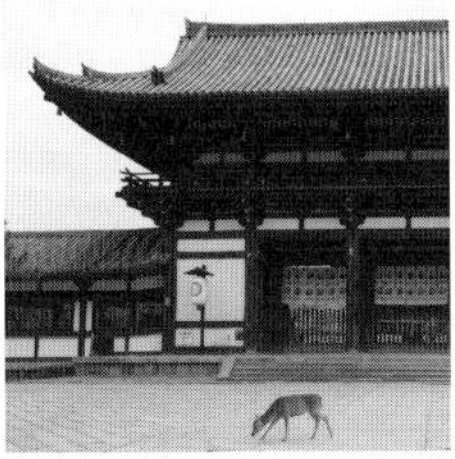



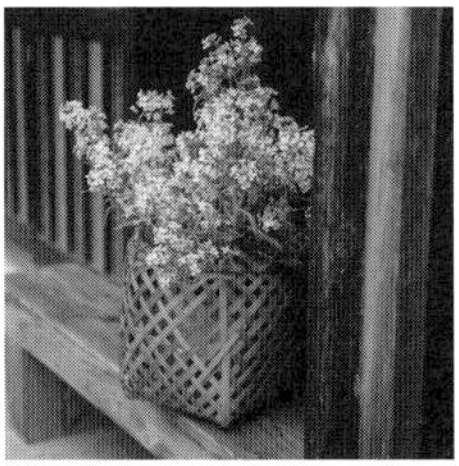

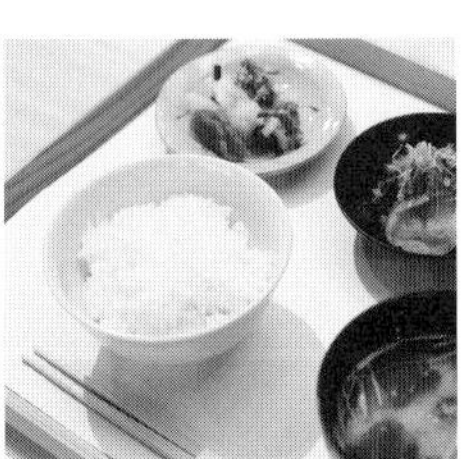

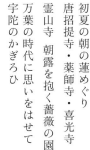

※本書に記載のデータは2016年7月現在のものです。拝観料等は一般大人1名分の料金を記載しています。宿泊施設の料金は季節等によって変わります。予約の際にご確認ください。

# 第一章 朝の奈良で、深呼吸

「奈良は朝がいちばんすてき」
たしかにそう思う。
まちじゅうの空気が
どこもかしこも、まるで洗いたてのようにすがすがしいのだ。
奈良への観光客が多く訪れる
東大寺、春日大社、興福寺のある奈良公園一帯は、
毎朝9時にはもう、団体バスと外国語とで賑わいはじめる。

観光客でごったがえす東大寺南大門あたりも
土けむりが修学旅行生の一団についてゆく興福寺の境内や春日大社の参道も
まちが明るくなり始めてすぐの朝6時ごろなら
あたりすべては静寂につつまれ、清らかな空気で満たされている。
奈良公園で出会う鹿たちの表情も朝はいちだんと思慮深く見えるのだ。

少し足を伸ばして、
東大寺なら講堂跡がある裏参道や二月堂のある上院へ
興福寺なら三重塔がたたずむ一角まで
春日大社なら若宮さんのあたりまで、さらに飛《とび》火《ひ》野《の》へ。

心赴《おもむ》くままに、ゆっくり歩きながら、
何度も何度も深呼吸をしよう。
できることならときおり立ち止まって、瞳を閉じて。

——そんな朝のひとときを過ごしてほしい場所を
紹介したい。

飛火野の鹿寄せ。
ナチュラルホルンの音色で鹿を呼び寄せる

# 飛火野の鹿寄せ

立春を過ぎても、奈良の寒さはまだまだ厳しい。そんな2月初旬~3月初旬の朝に行われる鹿寄せ。時間になると、ナチュラルホルンが吹き鳴らされ、どこか哀愁を帯びた音色に誘われ、飛火野の森から鹿たちが次々と駆け寄ってくる。

日によっても違うが、平均60頭以上が勢いよく集まってくる様子は、ダイナミックで、奈良公園の鹿は野生動物なのだと思い出させてくれる。

集まった鹿へのご褒美はドングリ。でも、鹿せんべい(有料)の人気も高いようで、鹿せんべいを買ったとたん、鼻息を荒くした鹿たちに取り囲まれてしまった。

この鹿寄せは明治25年(1892)に始まったもので、当初はラッパを吹いていたが、戦後から旋律のあるナチュラルホルンに変わり、ずっと変わらずベートベンの「田園」の一節を吹いているという。

最近は夏も鹿寄せが期間限定で行われている。夏の鹿寄せは朝9時から。

有料だが、一週間前までに申し込めば他の季節も鹿寄せをしてもらうことができる。

Data

**鹿寄せ**

●夏と冬に期間限定で実施●料金:無料(予約不要)●場所:春日大社内飛火野●交通:JR奈良駅・近鉄奈良駅から奈良交通バス「市内循環」で「春日大社表参道」下車徒歩すぐ●Map:p104●問合せ:一般財団法人 奈良の鹿愛護会/奈良市春日野町160/tel. 0742-22-2388※実施日時は http://www.naradeer.com で要確認。1回20,000円でオーダーもできる

# 春日山へ 朝のウォーキング

奈良市内を歩いていると、東のつきあたりに若草山と並んで春日山《かすがやま》が見えて、いつも見守られているような気持ちにさせられる。

春日山は春日山原始林として、大正13年に天然記念物となり、平成10年には世界遺産「古都奈良の文化財」のひとつとして登録された。古来神の山として守られ、樹木や植物の伐採が禁じられてきたため、現在も800種類以上の植物が生きている。樹齢千数百年を超える巨木も多く、朝の空気は透き通るよう。

遊歩道は若草山山麓から入るコースもあるが、朝のウォーキングにおすすめしたいのは、すぐに原始林エリアにアプローチできる「遊歩道入口(南)」(奈良市高畑町《たかばたけちょう》)から、首切り地蔵あたりまでの約4キロを往復するコース。とはいえ、歩く距離はその日の気分や予定に合わせて。朝の森の香りを胸いっぱいに吸い込んで、心身に清らかなエネルギーを充電しよう。

清らかな空気に包まれた
春日山遊歩道（南）を行く
（上は遊歩道の途中にある妙見宮への入口）

Data

**春日山遊歩道**

●常時開放。若草山の麓から入る遊歩道入口（北）、高畑町から入る遊歩道入口（南）がある●交通：遊歩道入口（北）へは、JR奈良駅・近鉄奈良駅から奈良交通バス「春日大社本殿」行で終点下車徒歩約10分／入口（南）へは「市内循環」バスで「破石町」下車徒歩約10分●問合せ：奈良公園事務所　奈良市芝辻町543／tel. 0742-22-0375●Map：p106

二月堂から大仏殿の北へとつながる
境内の参道。なだらかな坂道が続く

# 東大寺二月堂から始まる一日

奈良のお寺は塀で囲まれていることが少ない。だから、境内へは24時間自由に立ち入りできる。東大寺もそうで、朝来ぬうちからお参りする人も多い。とりわけ二月堂はお堂が開く朝7時に合わせ、毎朝欠かさずに来られる方も何人もおられる。

そこそこの賑わいだが、朝のお堂には昼間の騒々しさはない、どこか敬虔な雰囲気が漂い、思わず背筋が伸びる。二月堂のご本尊は秘仏十一面観音様。「念彼観音力…」のお経を静かにお唱えすることから始まる一日は、とても清々しい。

**Data**

**東大寺**

●境内参拝自由●交通：JR奈良駅・近鉄奈良駅から奈良交通バス「市内循環」で「大仏殿春日大社前」下車、または近鉄奈良駅から徒歩約20分●Map：p104

**大仏殿・法華堂（三月堂）・戒壇堂**

●拝観時間：（11〜2月）8時〜16時30分／（3月）8時〜17時／（4〜9月）7時30分〜17時30分／（10月）7時30分〜17時●入堂料：各お堂ごと500円●問合せ：東大寺寺務所／奈良市雑司町406-1／tel. 0742-22-5511

清々しさに満ちた早朝の大仏殿前。
壮大な空間を独占するかのよう

# 焼門から大仏池、講堂跡へ

朝の東大寺二月堂へお参りするとき、私はいつも、立派な中御門の礎石が残る焼門《やけもん》からの道を選ぶ。南大門から入る道とはまったく違う風情があって、春は馬酔木の花、秋は大銀杏の黄葉がすばらしい大仏池を過ぎ、講堂跡を眺め、東大寺の歴史に思いをはせずにはいられない講堂跡を眺め、築地塀をたどっていく。

途中、小さな田んぼ（供田《くでん》）もお見逃しなく。毎年6月に田植えがあり、収穫されたもち米は鏡餅や修二会のお壇供に使われるとか。小さいながらも、苗が青く育ち、やがて黄金色に実ってゆく田んぼは、見るたびに温かい気持ちになる。

Data

**大仏池**

● 奈良市雑司町 ● 交通：近鉄奈良駅より徒歩約15分／JR奈良駅より徒歩約30分

西の畔から望む秋の大仏池。少し右に視線を転じると大仏殿の甍が見え、その眺めは奈良県景観資産に選定されている

# 初夏の朝の蓮めぐり

早朝に清らかな花を咲かせる蓮は仏教で頻繁に使われるモチーフであり、お寺の境内に植えられることも多い。奈良では、季節になると美しい蓮の花も愛でながらの参拝ができる。「奈良・西ノ京ロータスロード」の期間中は、西ノ京の唐招提寺、薬師寺、喜光寺《きこうじ》の3か寺共通拝観券で特別ご朱印をいただけたり、早朝参拝すると法話や朝粥がいただける日もあって楽しい。

Data

**奈良・西ノ京ロータスロード**

●毎年夏に実施（年によって期間の変更あり）●唐招提寺／蓮の開花時期：鉢植えの蓮は6月中旬から7月下旬までで、蓮池は7月中旬から9月初旬まで花が楽しめる（天候等で開花がずれることもある）●薬師寺／蓮の開花時期：6月下旬〜8月上旬●喜光寺／蓮の開花時期：6月中旬〜8月上旬●問合せ：奈良市観光協会／奈良市上三条町23-4／tel. 0742-27-8866

## 唐招提寺の蓮

約130の蓮鉢、ふたつの蓮池がある。唐招提寺を創建した鑑真《がんじん》大和上が苦難を乗り越え、日本にたどり着かれたとき、蓮根を持ってきておられたことにちなみ、和上伝来の品種という「唐招提寺蓮」、「唐招提寺青蓮」、「奈良蓮」はひときわ凛《りん》とした姿だ。

Data

**唐招提寺**

● 奈良市五条町13-46／tel. 0742-33-7900 ● 交通：近鉄西ノ京駅から700メートル／JR奈良駅・近鉄奈良駅から奈良交通バス「六条山」行で「唐招提寺」下車すぐ ● Map：p106 ● 拝観時間：8時30分～17時（受付は16時30分まで） ● 拝観料：600円

## 薬師寺の蓮

約２５０の蓮鉢が境内を彩る。現在、白鳳時代のまま残る東塔は解体修理中で、食堂《じきどう》も２０１７年春の完成を目指し再建が進む。半世紀にわたり、伽藍復興に取り組み続けてきた薬師寺にはいつも独特の活気が満ちていて、境内でお坊様を見かけたらぜひ気軽に話しかけてみてほしい。

Data

**薬師寺**

●奈良市西ノ京町457／tel. 0742-33-6001●交通：近鉄西ノ京駅から徒歩すぐ●Map：p106●拝観時間：8時30分〜17時（受付は16時30分まで）●拝観料：玄奘三蔵院伽藍公開時1,100円／非公開時 800円

## 【喜光寺《きこうじ》の蓮】

南大門のすぐ前を通る歩道橋からも、境内に咲く蓮の花が見える。創建は行基菩薩。東大寺大仏殿を造る際に参考にしたことから、本堂は「試みの大仏殿」とも言われる。その脇に整然と並べられた蓮の鉢は２００を数え、本堂裏手の睡蓮も美しい。

喜光寺の睡蓮

Data

**喜光寺**

● 奈良市菅原町508／tel. 0742-45-4630 ● 交通：近鉄尼ヶ辻駅より徒歩約10分／近鉄西大寺駅より徒歩約20分 ● Map：p106 ● 拝観時間：通常 9時～16時30分／蓮開花時7月中の土日は7時～16時30分 ● 拝観料：500円

# 霊山寺 朝露を抱く 薔薇の園

天平8年に聖武天皇の命で創建された古刹。「霊山寺《りょうせんじ》」と名付けたのは、婆羅門《ばらもん》僧菩提僊那《ぼだいせんな》だという。

ここには、昭和32年に造られた見事なバラ庭園があり、200種類2000株のバラが5月中旬から約1か月、10月中旬から11月上旬まで見ごろとなる。朝8時から入園できるので、本尊・薬師如来がおられる本堂にお参りしたあと、ぜひ朝露に濡れたバラの花を見て回ってみてほしい。

お寺によると、このバラ園のテーマは「人生の輪廻」。赤色のバラが多い子どものエリアと、噴水がある成人のエリアとがある。「花嫁」「万葉」「春風」など、日本語の品種のバラを探しながら見て回るのもまた楽しいもの。

国宝の本堂をはじめ新旧の建物が並ぶ広い山内も散策に好適

Data

**霊山寺**

● 奈良市中町3879／ tel. 0742-45-0081 ● 交通：近鉄富雄駅より奈良交通バス「若草台」または「近鉄奈良駅」行で「霊山寺」下車 ● Map：p106 ● 拝観時間：本堂 10時～16時／バラ園8時～17時 ● 拝観料：500円（バラ見頃時期の5月・6月・10月・11月は600円）

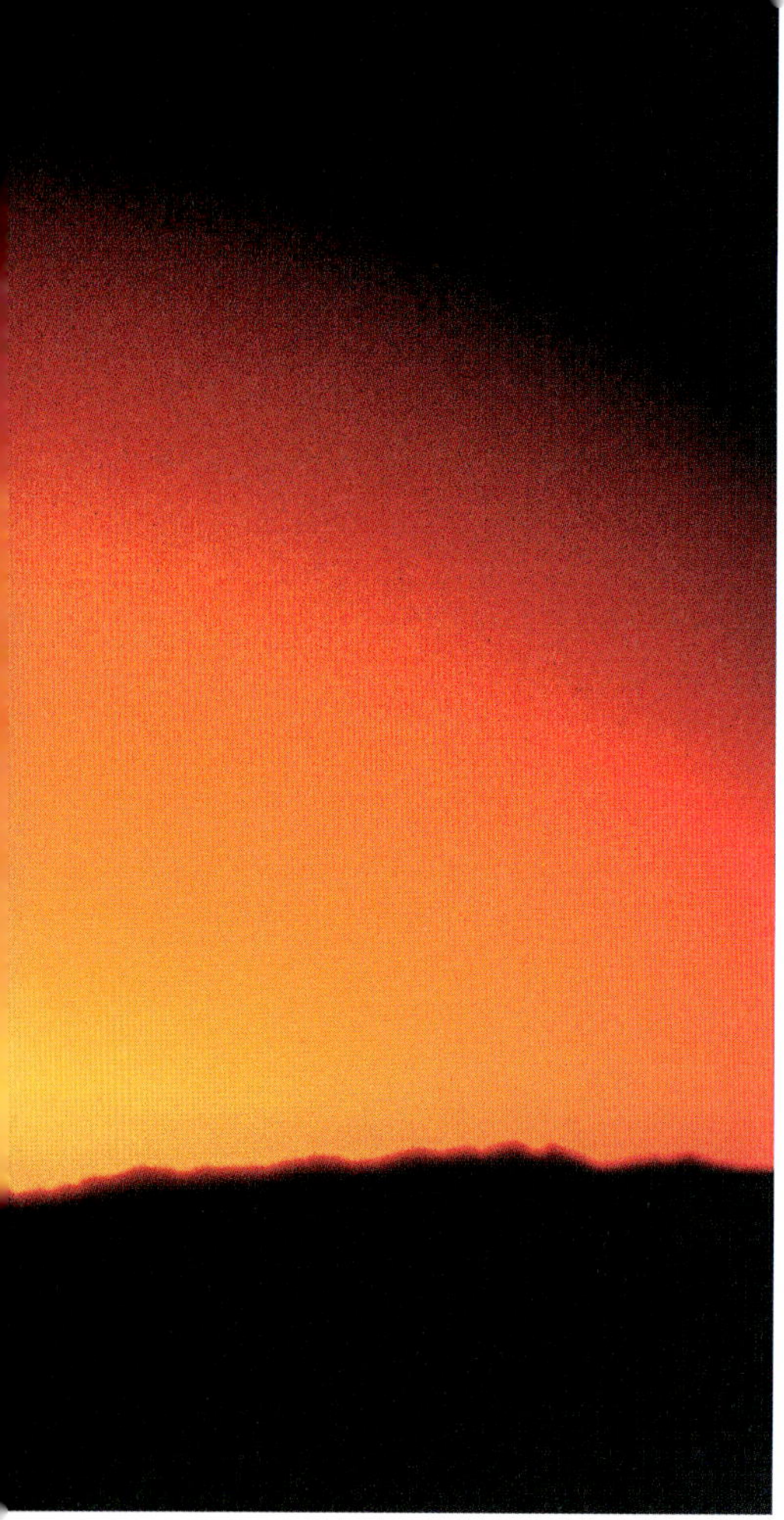

# 万葉の時代に思いをはせて宇陀のかぎろひ

「かぎろひ」と聞いて、まっさきに思い浮かべるのは『万葉集』の「東の野に炎《かぎろひ》の立つ見えてかへり見すれば月傾きぬ」（柿本人麻呂）。「かぎろひ」とは、『広辞苑』によると「日の出前に東の空にさしそめる光」とある。厳冬のよく晴れた朝に見ることができるという。

宇陀《うだ》市では、人麻呂の万葉歌が詠まれた猟場・阿騎野《あきの》があったとされる場所にある「かぎろひの丘万葉公園」で、毎年人麻呂がかぎろいを見た陰暦11月17日の早朝4時から夜が明ける6時ごろにかけ、「かぎろひを観る会」を行っている。私も数年前、万葉学者の先生とともにかぎろひを待ったが、残念ながら見ることができなかった。会によると、平成28年で45年目となるがそのうちかぎろひが見られたのはほんの数回。それでも、野に出て、万葉の昔に思いを馳せつつ、夜が明けていくのを待つひとときは、こんな機会でもなければなかなか持てない。

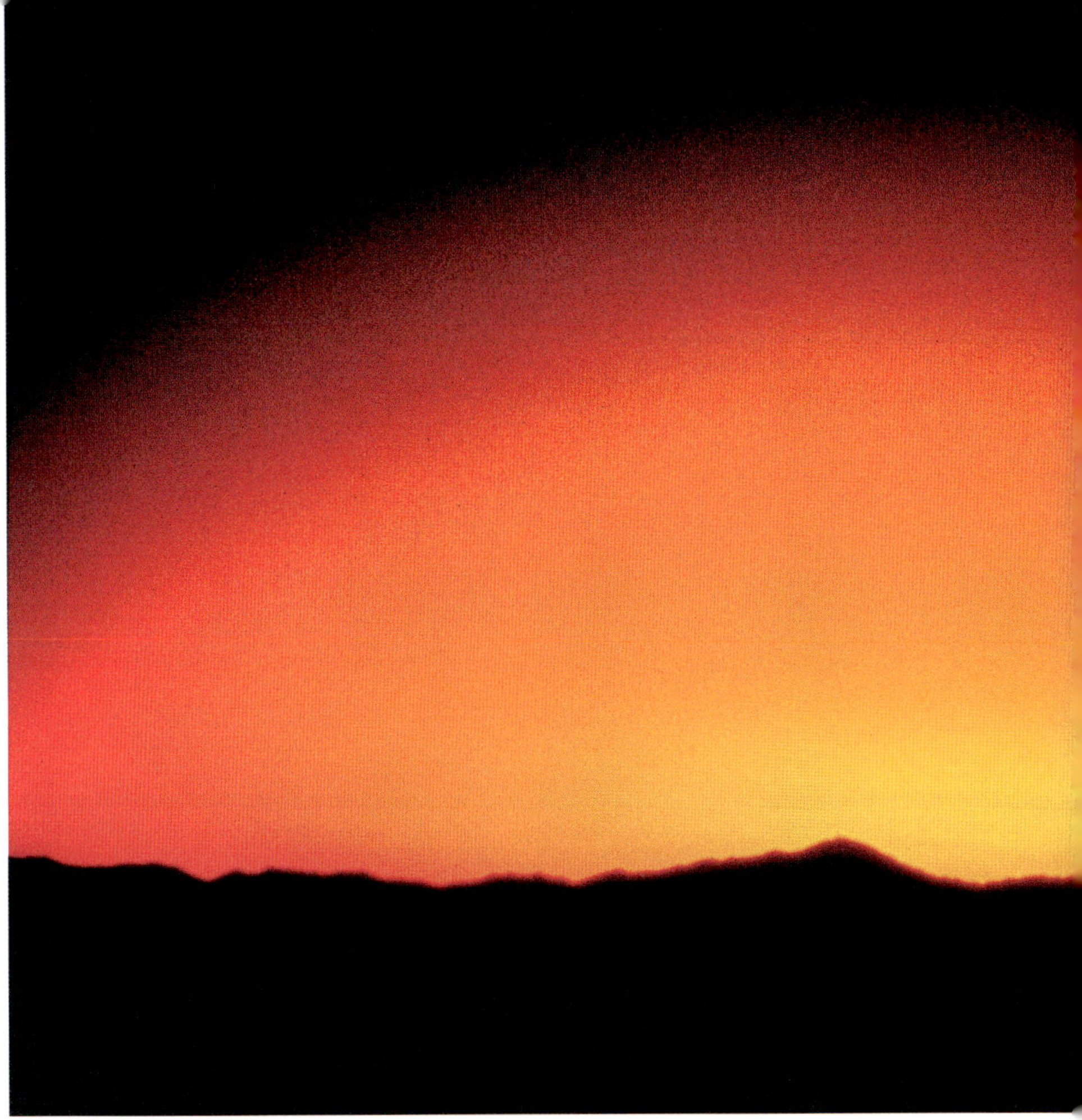

かぎろひを観る会。参加者は焚き火を囲んでかぎろひを待つ

Data

**かぎろひを観る会**

● 旧暦11月17日にあたる日に開催 ● 会場：かぎろひの丘万葉公園／宇陀市大宇陀迫間25 ● 入園無料 ● 交通：近鉄榛原駅から奈良交通バス「大宇陀」行で「大宇陀高校」下車徒歩約3分／自家用車で名阪国道針ICから国道369・370号経由約40分、駐車場あり ● Map：p107 ● 主催・問合せ：宇陀市観光協会／宇陀市榛原下井足17-3／ tel. 0745-82-2457

# 東大寺知足院の地蔵会

Data

**知足院**

● 奈良市雑司町406 ● 境内自由 ● 拝観時間：9時～16時30分 ● 交通：近鉄奈良駅から徒歩約20分／東大寺大仏殿から徒歩約5分 ● Map：p104

本尊・地蔵菩薩立像（重文）
画像提供・奈良国立博物館（撮影 佐々木 香輔）

東大寺大仏殿から北へ、正倉院の隣にあるのが塔頭《たっちゅう》・知足院《ちそくいん》。ふだん本堂は非公開だが、年に一度、毎年7月24日の朝8時からの地蔵会《じぞうえ》には誰でもお参りすることができる。本尊の地蔵菩薩様（木造・鎌倉時代）が開帳され、東大寺一山の僧侶のみなさんが、読経しながら行道をなさる。

読経が途切れると、たちまち蝉の声がお堂に満ちる夏らしい法会《ほうえ》で、毎年足が向いてしまう。法要のあと、間近で手を合わせることができる地蔵菩薩様は、暑さを一瞬忘れさせてくれるほどに涼やかな美しいお顔である。

ご本尊の厨子の周りを僧侶方が行道される

# 第二章 奈良ならではの宿と朝ごはん

「今度のお宿はどこにしよう」
さんざん迷うときからもう、
旅は始まっている。

奈良に住んでいながら、
仕事の都合や取材で
奈良の宿にも泊まることがある。
今回紹介する宿は、評判もさることながら
すべて私が実際に泊まって、やっぱりいいなあと感じたところばかり。

そして、朝ご飯は
奈良を旅する人だけでなく
奈良で暮らす人にもぜひ食べてみてほしいものだけを選んだ。

# 料理旅館 江戸三

春日大社の一之鳥居の右手を上がっていったあたりは浅茅《あさじ》が原と呼ばれていた場所で、『万葉集』にも出てくる。ここに建っているのが、明治40年からある老舗の料理旅館・江戸三。志賀直哉、小林秀雄、藤田嗣治など文人墨客に愛されたことでも有名だが、一番の特色はすべての客室が離れであること。

茅葺《かやぶき》屋根や丸窓が印象的な客室には、「太鼓」「銅鑼《どら》」など、かつて呼び出し電話の代わりに使われていたという楽器の名前がついている。敷地内は、泊り客でなくてもそぞろ歩くことができるが、実際に泊まれば、夜になって、それぞれの客室から窓の明かりが洩《も》れる風情や、朝の窓辺まで鹿が遊びに来てくれる楽しさをこころゆくまで味わうことができる。

奈良公園の一角に趣を添える茅葺屋根の客室

Data

江戸三

● 奈良市高畑町1167／ tel. 0742-26-2662 ● 近鉄奈良駅より徒歩約15分またはタクシー約5分／ JR奈良駅より徒歩約25分またはタクシー約10分 ● Map：p104 ● 宿泊：2名より。大人1名1泊2食付18,000～24,000円（税別）● 食事利用：昼 11時30分～14時30分／夜 17時～21時／会席料理 8,000円～、名物・若草鍋（10月～3月のみ）8,000円～ ● 要予約

客室内も落ち着いた雰囲気。奈良名物の茶粥がついた朝食も美味

# ホテル日航奈良のコンセプトルーム

　JR奈良駅に隣接しているホテル日航奈良では、全国でも珍しい社寺のコンセプトルームに宿泊することができる。春日大社は赤、東大寺は紺、興福寺は緑、吉野山の金峯山寺《きんぷせんじ》は桜色と、それぞれテーマカラーにそってコーディネート。部屋には、その社寺に関する書籍や映像、スタッフ手作りのフォトアルバムも。さらに、各社寺にちなんだデザインの一筆箋も置かれているのが何ともしゃれている。

　ビュッフェスタイルの朝食には、興福寺で食べられてきた粕汁や精進汁が加わった。粕汁は、同寺の追儺会《ついなえ》で関係者などに振舞われるもので、精進汁の方は、松の内にお供えものを使って作られるという伝統を参考に、興福寺のお坊様の監修を受けて再現したそうだ。さっそく精進汁をいただいてみた。具沢山のお味噌汁なのだが、厚揚げ、白菜、大根、人参などの野菜の甘みがたっぷり引き出されていておいしい。ほかのホテルでは味わえない、ここだけの一品だ。

興福寺直伝の精進汁。ほかに茶粥や三輪素麺などの奈良メニューも用意される

ホテル日航奈良のコンセプトルーム。上段・春日大社、下段左より東大寺、金峯山寺、興福寺のテーマカラーでまとめた客室

Data

**ホテル日航奈良**

● 奈良市三条本町8-1／tel. 0742-35-8831 ● 交通：JR奈良駅西口直結／近鉄奈良駅から徒歩約12分 ● Map：p105 ● 宿泊：コンセプトルーム2名1室1泊で税込37,200円。一般の客室も含め、割引や食事付など目的別の宿泊プラン多数

# 小さなホテル 奈良倶楽部

親しい人が奈良に泊まるとき、私がまずおすすめするのがこのホテルだ。理由は3つ。ひとつは、東大寺大仏殿まで歩いて10分ほどの場所にあり、朝のさんぽを楽しむのに絶好の場所にあること。ふたつめは、オーナーマダムの谷規佐子さんがとても魅力的で信頼できる女性だから。彼女がこまめに、奈良の観光情報や花の見ごろなどをまとめて発信しているブログ「奈良倶楽部通信ｐａｒｔⅡ」が長年人気を集めているのは、開業してから28年を経てなお、「お客様が求めておられるものはそれぞれ違う。だからこちらの押し付けにならないように」と話す謙虚さを忘れていないからだと思う。最後のひとつは、スープやミニグラタンなど朝から幸せな気持ちになる谷さん手作りの朝ごはんである。

シンプルながら温かみのある室内。朝ごはんは谷さんの心がこもった手作り料理をいただく（右・右下）

Data

**小さなホテル 奈良倶楽部**

●奈良市北御門町21／tel. 0742-22-3450●交通：JR奈良駅・近鉄奈良駅より奈良交通バス「青山住宅」行で「今在家」下車徒歩約3分●Map：p104●宿泊：客室は全8室。ツイン1泊1名朝食付 税別7,000円〜。季節の割引プランもあり

# 奈良町宿 紀寺の家

奈良町の一角、紀寺町《きでらちょう》にある宿で、築約100年の町家を改修した一軒家に泊まることができる。

この宿は、藤岡俊平さんがふたりの妹さんと奥様との4人で始めたもので、コンセプトは「町家を楽しむ　暮らしを旅する」。藤岡さんが「宿として、というよりは、古い町家に住む『体験』をしてみてほしいという気持ちでやっています」と話してくれた通り、例えば、私が泊まった「角屋の町家」には、上質な「日常感」がたっぷりと詰まっていた。それは、1杯分ずつコーヒー豆を挽くことであったり、押入れに備え付けられた大きな姿見であったり、木戸を開け閉めするときのガラガラという心地よい音だったり…。

非日常の空間で過ごす宿も捨てがたいが、奈良町の一角で、こんなふうにご近所から聞こえてくる暮らしの気配も楽しみながら泊まるのもいいものだ。

広さや間取りもさまざまな5種類の町家のうち、ふたつの庭がある「角屋の町家」の室内

奈良町の「日常」を楽しみながらの朝食はオカモチで運ばれてくる。スタッフの温かいもてなしもうれしい

Data

**奈良町宿　紀寺の家**

● 奈良市紀寺町779／ tel. 0742-25-5500（受付9時〜21時）● 交通：JR奈良駅・近鉄奈良駅より奈良交通バス「天理駅」「下山」「窪之庄」行のいずれかで「紀寺町（市立奈良病院前）」下車徒歩約3分 ● Map：p105 ● 宿泊：2〜3名利用で1名1泊朝食付 税別18,000円〜

信貴山朝護孫子寺、巨大な張り子の寅「世界一の福寅」の向こうに本堂を望む

# 信貴山朝護孫子寺
# 成福院の宿坊

用明2年（587）に聖徳太子が開いた信貴山朝護孫子寺《しぎさんちょうごそんしじ》。山の中腹に建つ本堂からは太子ゆかりの法隆寺がある斑鳩《いかるが》も見渡せる。

境内にある3つの塔頭は宿坊でもある。建築家・村野藤吾氏が設計した成福院《じょうふくいん》は俵型の窓など個性的なデザインを存分に見ることができ、掃除が行き届いていて気持ちがよい。部屋には鍵がなく、襖《ふすま》だけで仕切られているが、参拝のための宿泊だと思えば、私は特に気にならなかった。夜、燈籠の灯った参道の厳かさと、早朝のお参りのすがすがしさは格別。宿坊に泊まる醍醐味は、昼間とはまったく違うお寺の表情に出会えることだと思う。

Data

**信貴山成福院**

● 生駒郡平群町信貴山／tel. 0745-72-2581 ● 交通：JR・近鉄王寺駅・新王寺駅から奈良交通バス「信貴山門」行で約22分、または近鉄信貴山下駅から奈良交通バス約12分、「信貴大橋」下車徒歩約6分 ● Map：p107 ● 宿泊受付時間：9時～16時30分 ● 宿泊料金：2名より受付、1名1泊2食 税別11,000円～

同寺は荘厳な大般若祈禱が執り行われることでも名高い

成福院の夕食は精進料理でとてもおいしい

成福院の山門と宿坊外観。
宿泊の部屋は全て和室で清
潔感にあふれる

奈良ホテル
フレンチトースト

優雅な雰囲気のダイニングルームで
いただくフレンチトースト

約100年前の明治42年、奈良のみならず「関西の迎賓館」として誕生した奈良ホテルは、憧れのクラシックホテル。「メインダイニングルーム『三笠』」では、朝7時から9時半まで宿泊客以外でも朝食をオーダーできる。

窓際の興福寺の五重塔がよく見える席に陣取って、茶がゆ定食も捨てがたいが、ぜひプリフィクススタイルの洋定食でフレンチトーストを選んでほしい。

粉糖のかかった三角形のフレンチトーストをまずはそのまま一口。香ばしくて、ふっくらとしていて、パンから作ったとは思えない洗練された味。琥珀色のシロップをたらすと、しっかりとした甘さが加わってまた違ったおいしさになる。

シェフによると、卵3に牛乳1の割合で作る液をパンにじっくりしみこませることと、注文が入ってから温め直すのがおいしさの秘訣。ゆっくり味わっていただいているうちに、いつしか旅人の気分になっていた。

桃山御殿風の本館は建築家・辰野金吾の設計

## Data

**奈良ホテル**

● 奈良市高畑町1096／ tel. 0742-26-3300 ● 交通：JR奈良駅・近鉄奈良駅から奈良交通バス「天理駅」「下山」「窪之庄」行のいずれかで「奈良ホテル」下車徒歩約1分 ● Map：p105

**メインダイニングルーム「三笠」**

● tel. 0742-24-3044 ● 営業時間：朝食 7時〜9時30分／昼食 11時30分〜15時／夕食 17時30分〜21時 ● 朝食メニュー：洋定食（パンや料理を各々好みで選ぶプリフィクススタイル）・和定食・茶がゆ定食 いずれも2,400円（税別）

# 十輪院
# 朝カレーをいただく会

橋本住職を囲んで和やかにいただく朝カレー

毎月第一日曜日。「朝カレーをいただく会」があると聞いて山門をくぐった。朝8時、すでに男性が箒で境内を掃いている。境内の草抜きや落ち葉の片付けなど簡単な庭の掃除を30分ほどした後、本堂へ。勤行《ごんぎょう》から参加する方もおられ、ざっと20数人が集まり、勤行が始まった。橋本純信ご住職に合わせ、般若心経などを唱えるのはとても心地よい。勤行のあと、本尊の地蔵菩薩様にふだんより近寄ってお参りできるのもうれしい限りだ。

9時を回ると、いよいよお待ちかねのカレーの時間。お肉の代わりのコンニャクと大きめに切った野菜がたっぷり入った精進カレーは、とてもおいしい。事前連絡もいらない。早起き派の観光客の方にはぜひおすすめしたい。

Data

**十輪院**

● 奈良市十輪院町27／ tel. 0742-26-6635 ● 交通：近鉄奈良駅前から奈良交通バス「天理駅」「下山」「窪之庄」行のいずれかで「福智院」下車徒歩約3分／ JR奈良駅から奈良交通バス「市内循環・内回り」で「田中町」下車徒歩約3分 ● Map：p105 ● 毎週月曜日（祝日の場合は火曜日）は閉門日

**十輪院朝カレーをいただく会　JURIN-IN BREAKFAST CLUB**

● 開催日：毎月第1日曜日 ● 時間：9時〜10時（但し8時30分〜9時の朝のお勤めには要出席）● 料金：入会金1,000円（初回のみ）、当日は実費300円程度 ● 1月と8月は休会 ● 問合せ：十輪院、またはみんなのお寺 tel. 0742-25-5588

# ホテルサンルート奈良 朝食バイキング

宿泊客以外でも利用できるバイキング形式の朝食がとてもおいしいと評判だ。「おばな」の料理長によると、毎朝約45種類の料理をほぼすべて手作りしているという。「大変ですが、お客様にたくさん召し上がっていただけるとうれしいです」と店長兼料理長の朝岡順之さん。ほうじ茶が香ばしい「茶粥」に奈良漬を添えて、牛乳ベースでたっぷりの白菜を煮込んだ「飛鳥鍋」といった奈良ならではのメニュー、煮物、和え物、茶碗蒸しなどの和食に加え、目を引いたのが鍋ごと置かれた自家製カレー。リンゴ、干しブドウも入って、まろやかな辛さで食べやすい。また、フレンチトーストも並べたらすぐになくなってしまうほどの人気。たしかにこのふんわり感とほどよい甘さは手作りならでは。どれもやさしい味わいで、ついつい食べすぎてしまいそうだ。

「おばな」料理長の朝岡さん（左）が腕をふるう。彩りも美しく、野菜もたっぷりだ

Data

**ホテルサンルート奈良**

● 奈良市高畑町1110／ tel. 0742-22-5151
● 交通：JR奈良駅から徒歩約27分／近鉄奈良駅から徒歩約14分 ● Map：p105

**和洋バイキング（「日本料理おばな」にて）**

● 朝食時間：7時～10時（9時30分ラストオーダー） ● 料金：1,512円（税込） ● 日本料理おばな tel. 0742-22-2108

居心地のよい室内で朝のセットメニュー（税込1,200円）をいただく

Data

**工場跡事務室**

● 奈良市芝辻町543／tel. 0742-22-2215 ● 交通：近鉄奈良駅から徒歩約15分、または近鉄奈良駅から奈良交通バス「青山住宅」行で「今小路」下車徒歩約2分 ● Map：p104 ● 営業時間：金曜11時～18時／土日祝 9時～18時

# 喫茶スペース工場跡事務室
## 朝のセットメニュー

東大寺焼門を入ってすぐのところにあるのだが、車だと気付かずに通り過ぎてしまうかもしれない。それほどあたりの風景に溶け込んでいるのは、道路から一段下がったところに建っているのと、ここが、大正14年から乳酸菌飲料の研究と製造を行う場所として80年間ずっとこの場所に在り続けてきたからだろう。オーナーの喜多和夫さんが大阪の工務店と知恵を出し合ってリノベーションし、平成21年より週末だけの喫茶室として新たな時を刻み始めた。

土日祝日の朝9時からの「朝のセットメニュー」（前日までに予約すると確実）は、厚切り発酵バタートーストに自家製の八朔マーマレード、季節のサイドメニュー、ヨーグルト、ドリンクなどが彩りよく組み合わされていて、ゆっくりといただけば、一日が笑顔で過ごせそうな気がする。

# 鹿の舟・竈 朝ごはんセット

平成27年の冬、奈良町南側の井上町にオープンした「鹿の舟・竈《かまど》」。吉野檜《ひのき》を使ったカウンター、テーブル、イスなどのシンプルでモダンな家具に、真ん中にでんと据えられたかまどが意外なほど調和している。奈良県産のお米を炊いた熱々ごはんが主役の朝ご飯が食べられるのは、朝8時から11時まで。

朝ごはんのセットは2種類。ごはん、お味噌汁に生卵、おかず一品とおつけものがつく「竈の朝ごはん」550円、「竈のごはんセット」の生卵以外のものに、旬野菜の揚げ葛餅がついた「大和の朝ごはん」1050円。奈良県産（取材の日は都祁村《つげむら》産）卵に、カウンターにおかれた御所市の無添加無調整の片上醤油をかける卵かけごはんは、卵を追加してでも食べてほしい味。

県産の食材を使った「竈の朝ごはん」

Data

**鹿の舟・竈**

● 奈良市井上町11／tel. 0742-94-5520 ● 交通：JR京終駅から徒歩10分／JR奈良駅・近鉄奈良駅から奈良交通バス「市内循環・内回り」で「田中町」下車すぐ ● Map：p105 ● 営業時間：朝食8時～11時、昼食11時～15時（なくなり次第終了）、グローサリーは8時～18時（毎週水曜日定休）

エッセイ

# 平城宮跡で出会う
# 古代の記憶

ここにかつて奈良の都の中心である平城宮があった。
一説では十万人もの人が暮らしていたという。
瞳の色、ことばが違う人たちも行きかい、国際色豊かに賑わっていたとも。

毎日のように電車に乗って
今は広場というか野原というべきか
ただひたすら広い場所に
復原された第一次大極殿と朱雀門《すざくもん》がぽつんと建っているのを眺めながら、思う。

奈良にはかつて都があった。
ここに都があったのだと。

だから、ときおり思い出したように
この広い場所の真ん中あたりに立って
子どものように両手を広げ、四方をぐるりと見渡してみる。

東は春日山《かすがやま》、西は生駒山《いこまやま》、北は平城山《ならやま》
それぞれがのどかに連なっている。
南は、今は東西に道路が走っているが
かつては朱雀大路がはるか彼方まで延びていただろう。

平城遷都１３００年を祝った２０１０年からもう６年が過ぎた。
あのときも、そして今も
折々にイベントが行われる場所だが
大勢の人で賑わうときよりも
むしろほとんど人気のないときの方が
奈良の都の気配を感じ取ることができるような気がして
私はそんなときを選んで
両手を広げ、四方をぐるりと見渡しに
ここに来る。

元明、元正、孝謙（称徳）という三人の女帝と聖武天皇を支えた光明皇后。
女性たちの名前と成し遂げた仕事が後世に伝わっている奈良時代が
ここで確かに紡ぎだされたことも忘れたくない。

早朝、鹿島より鹿に乗って神が降り立ったという春日のお山から
新しい朝日が上る。

日はどんどん上っていく。

「奈良の空は、おそらく日本一広い」
以前、インタビューをさせてもらった
宗教学者の山折哲雄氏の言葉を
青空の日の平城宮跡に立つたび、思い起こさずにはいられない。

一日を煌いた日はやがて
初代神武天皇が難渋して越えた生駒の山へ
ゆっくりと、鮮やかに沈んでゆく。

そして
かつて都のあった場所には静かな夜が訪れるのだ。

何かを観るのではなく
このただ広い場所が
きっと今も忘れていない
奈良の都の記憶に出会いたくなったら
ここで両手を広げ、四方をぐるりと見渡しに来ることを
おすすめしたい。

Data

**平城宮跡**

●奈良市佐紀町●交通：近鉄西大寺駅から徒歩10分／大極殿方面：JR奈良駅・近鉄奈良駅から奈良交通バス「西大寺駅」行で「平城宮跡」下車徒歩約5分／朱雀門方面：JR奈良駅から奈良交通バス「学園前駅（南）」「二条大路南四丁目」行で「二条大路南四丁目」下車徒歩約5分／土日祝を中心に、JR・近鉄奈良駅から「ぐるっとバス」が運行●Map：p106●施設公開：9時～16時30分（入館は16時まで）●休館：月曜日（月曜が休日のときは翌平日）、年末年始●問合せ：奈良文化財研究所広報企画係／ tel. 0742-30-6753

# 第三章　美しき奈良の夕暮れ

夕暮れがこれほど美しく、胸を締め付けるほど美しいものだと
私に教えてくれた場所が、奈良にはいくつもある。

誰もが知っている場所であっても
もしもその場所の明るいうちの表情しか
知らないとしたら、もったいないと思う。

日が落ちてゆく。

西の山の端をオレンジがかった赤に染めながら。
季節や天候や雲の具合によって
毎日違う色に変わってゆく空。
写真を撮ることも忘れてしまうほどに
心が釘付けになる。

あの人も、この人も
こんなふうに夕焼けに見入っていた時間があったにちがいない。

１３００年前の人の名前
１００年前の人の横顔
同じ時代を生きている人の声

浮かんでは消え
消えては浮かぶ。
私達はみな等しく生かされているのだと
しみじみと思ったりする
奈良の夕暮れ。

# 夕日に染まる石舞台

明日香村にある石舞台古墳は、7世紀の方墳で、権勢をふるった蘇我馬子の墓ともいわれている。国営飛鳥歴史公園にあり、明日香でもっとも人気がある観光スポットだが、側面の石の脇には時折、花が手向けてある。ここは、ある人にとっては、今もなお誰かを供養する場所なのだろうか。

この石舞台から西の方角に、二上山の美しい姿がよく見え、夕日は二上山のあたりへと沈んでいく。日が沈み、夕闇に石舞台が包まれると、昼間は物語のように感じられていた古代の出来事が、ぞくっとするほどのリアリティで迫ってくる。

Data

**石舞台古墳**

●高市郡明日香村島庄●交通：近鉄橿原神宮前駅または近鉄飛鳥駅より奈良交通明日香周遊バスで「石舞台」下車徒歩約3分●Map：p107●入場時間：8時30分～17時（受付16時45分まで）●年中無休●入場料：250円●問合せ：一般財団法人明日香村地域振興公社／tel. 0744-54-4577・9200●石舞台の東側の丘に、石舞台を眺めることができる場所がある

# 斑鳩の道

斑鳩《いかるが》には三つの塔がある。法隆寺の五重塔、法輪寺と法起寺の三重塔だ。法隆寺にお参りしたら、ほかの二つの塔にも逢いに行きたくなる。法隆寺からまず法輪寺へ。途中には田んぼといちじく畑が広がるどこかなつかしい風景がある。いつも修学旅行生で賑わっている法隆寺参道からは思いもよらない、ノスタルジックな風景だ。県道9号から少し西側に入ったあたりの、小高くなっている場所は、岡の原と呼ばれ、聖徳太子の息子である山《やま》背大兄王《しろのおおえのおう》の御陵があったところとも言われている。

「和を以て貴しとなす」

十七条憲法の冒頭にこう掲げ、法隆寺を建立した聖徳太子は推古天皇の摂政として政治を大きく動かした。だが、その一族は息子の代で滅ぼされてしまう。

華やかでかつ悲劇的な上宮王家の最期に思いをはせるには、群雲を染める夕焼けがよく似合う。だから、斑鳩を訪れる時間帯は、午後から夕方にかけてが最もふさわしいと思う。

一面のコスモスの向こうは法起寺三重塔。
四季折々に印象深い風景が広がる
左頁：斑鳩神社付近より法隆寺を望む

Data

**斑鳩町観光協会　法隆寺iセンター**

● 生駒郡斑鳩町法隆寺1-8-25／tel. 0745-74-6800 ● 交通：JR法隆寺駅から徒歩約15分またはＮＣバス「法隆寺前」下車／近鉄筒井駅から奈良交通バス「法隆寺前」下車 ● Map：p106 ● 開館時間：8時30分～18時 ● 年中無休 ● 入館無料 ● 駐車場：利用時間8時30分～18時／普通自動車1回500円 ● レンタサイクルあり

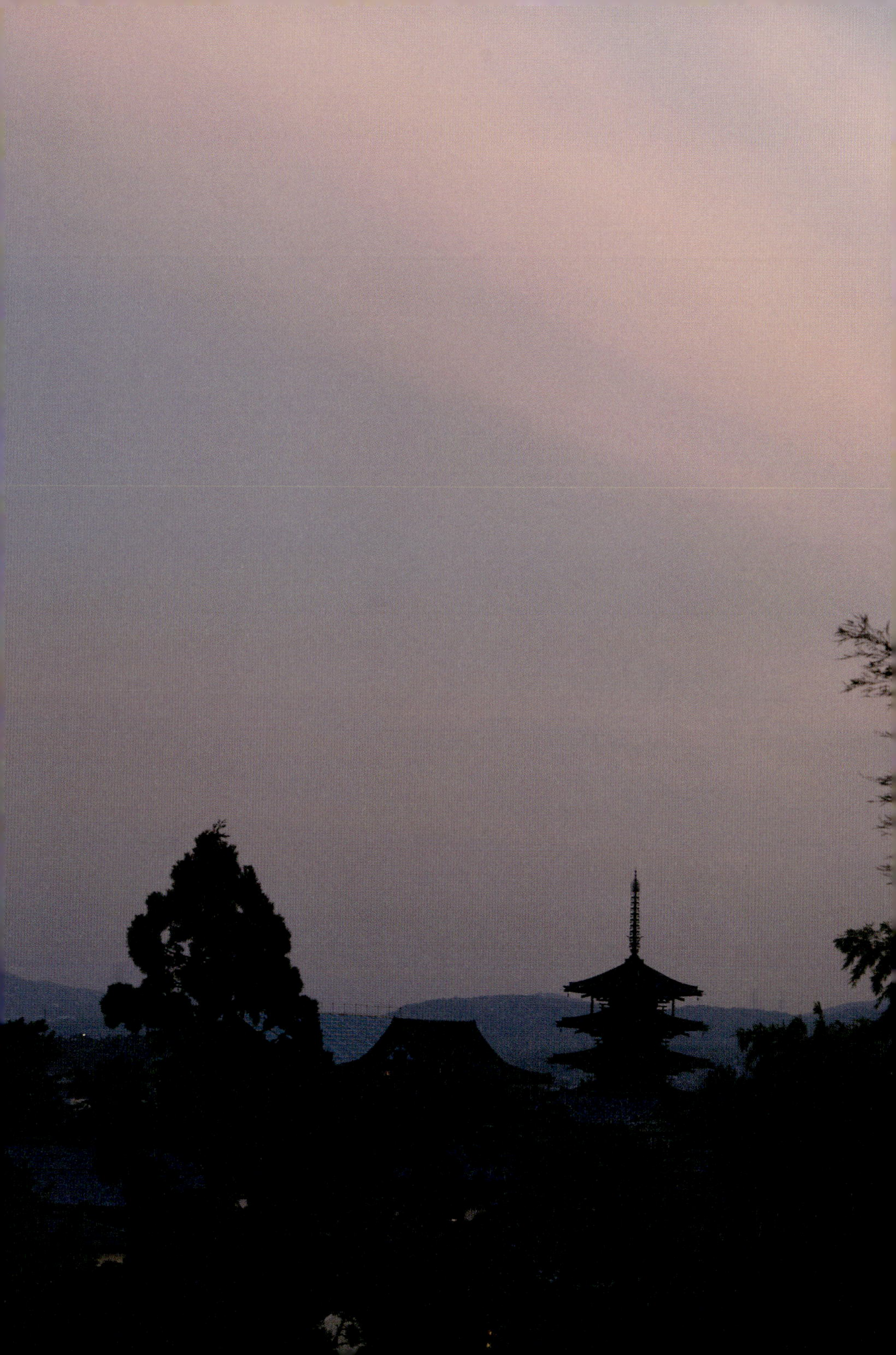

# 浄土へと続く二上山

「にじょうざん」ではなく、「ふたかみやま」と読みたい。春分の日、秋分の日の前後には、雄岳と雌岳の間に夕日が沈んでいくのが見られる。香芝《かしば》市良福寺の千股池《ちまたいけ》からは池に映る二上山も美しく、有名な撮影ポイントでもある。

敬愛する写真家・入江泰吉先生に有名なエピソードがある。10日以上通いつめ、ようやく出会ったという、夕暮れ時に二上山を覆った黒い雲。入江が作品「二上山暮色」で表現したかったのは、二上山に今なお宿る大津皇子《おおつのみこ》の怨念だったという。

大津皇子の死を思うとき、ふたりの女性の哀しみを思い起こさずにはいられない。

「うつそみの人にあるわれや明日よりは二上山を弟背とわが見む」(『万葉集』二―一六五)と詠んだ姉の大来皇女《おおくのひめみこ》。

『日本書紀』に、「被髪徒跣奔赴殉焉見者皆歔欷」(髪を振り乱し、裸足で走り、殉死した。それを見た者はみな嘆き悲しんだ)と記された妻の山辺皇女《やまのべのひめみこ》のことである。

大津皇子から少し時代が下ると、中将姫《ちゅうじょうひめ》の伝説が生まれる。二上山のふもとにある當麻寺《たいまでら》では、中将姫の命日の5月14日、二十五菩薩が中将姫を極楽へと導く練供養会式が盛大に行われる。5時頃に儀式は終わるが、当麻寺駅のすぐ脇にある中将堂本舗で一服して、駅のホームから二上山に夕日が沈むのを待つのが私の定番コースだ。

Data

二上山が眺望できる千股池湖畔（奈良県景観資産）

●香芝市良福寺●交通：近鉄二上神社口駅または当麻寺駅から徒歩約15分●Map：p107

# 檜《ひ》原《ばら》神社
## 注連縄越しの夕日

山の辺の道にある古社で、大神神社とともに天照大御神をお祀りする。大きな注連縄《しめなわ》がかかった鳥居が有名で、この鳥居越しに、二上山が真西に見える。

春分、秋分の日の前後には、二上山の雄岳と雌岳の間に夕日が沈むとあって、この両日は、ふだんは人影も少ない境内がカメラマンであふれる。静かに落日を眺めるなら、むしろこの時期は避けたほうがいい。

# 静かな夕日
# 東大寺二月堂

西向きに建つ東大寺二月堂から見る夕日は美しい。本当に美しい。

春も夏も秋も冬も、いや日々それぞれに違っていて、毎日でも見に行きたいぐらいだ。修二会《しゅにえ》の大松明《たいまつ》が火の粉を散らす欄干にもたれ、大仏殿の鴟尾《しび》を輝かせつつ、生駒山にゆっくりと沈んでいく夕日を眺めていると、そこにいる誰もが無口になってしまう。

特に春分、秋分の日には、夕日がちょうど大仏殿の鴟尾のあたりを目指すように沈んでいく。

Data

**檜原神社**

● 桜井市三輪／tel. 0744-45-2173（大神神社 tel. 0744-42-6633）● 交通：JR・近鉄桜井駅より奈良交通バス「天理駅」行で「箸中」下車徒歩約20分 ● Map：p107

Data

**東大寺二月堂**

● 交通：JR奈良駅・近鉄奈良駅から市内循環バス「大仏殿春日大社前」下車 ● Map：p104 ● 問合せ：東大寺寺務所／奈良市雑司町406-1／tel. 0742-22-5511

# 猿沢池の黄昏

猿沢《さるさわ》池は、興福寺の放生池《ほうじょうち》として奈良時代に造られた。采女《うねめ》が身を投げ、龍神が棲んでいたなど、いろいろな伝説を持つ池でもある。

冬は5時ごろ、夏なら7時近く。あたりが薄暗くなると、ライトアップされた興福寺五重塔が、池の面池に映り込み、独特の風情がある。

池の東端のあたりは、通称「五十二段」の石段も含め、放射状に六本の道が交差していることから、「奈良の六道の辻」ともいわれる。前世の行いによって、地獄、餓鬼、畜生、阿修羅、人間、天上のうちのいずれかに生まれ変わる場所。黄昏時にひとりで通り過ぎるときは、ついつい足早になってしまう。

Data

猿沢池

● 奈良市登大路町 ● 交通：近鉄奈良駅から徒歩約5分／JR奈良駅から徒歩約15分 ● Map：p105 ● 問合せ：奈良公園事務所／tel. 0742-22-0375

# 大宿所の土曜日の音

餅飯殿《もちいどの》商店街に、「大宿所《おおしゅくしょ》」という看板が立ち、その奥に建物があることに気付く観光客は何人いるだろうか。ここは、毎年12月15日の大宿所祭には大勢の人で賑わうのだが、ふだんは人の気配もなく、とても静かだ。しかし、毎週土曜日の夜は別。春日若宮おん祭の御旅所でも雅楽を奉納する南都楽所のみなさんの練習が行われている。商店街の人通りが絶える時間、この場所の入り口で耳を澄ますと、笙《しょう》や篳篥《ひちりき》といった和楽器の音色がかすかに聞こえてくることがある。運が良ければ、前庭で舞楽の練習をしている姿も見られるかも(敷地内への入場は不可)。

奈良の伝統行事は、こうした日々の努力によって支えられているのだと教えられる場所でもある。

注・大宿所祭では、春日若宮おん祭に先立って、御湯立、おん祭の無事執行を祈願する行事などが行われ、のっぺや甘酒のふるまいもある。

Data

**大宿所**

● 交通：近鉄奈良駅から徒歩約8分 ● Map：p105 ● 「御湯立行事」は12月15日14時30分、16時30分、18時から。「大宿所祭」は17時から

エッセイ

# 御蓋山の月

春日山を背に美しい円錐形をしているのが、御蓋山《みかさやま》だ。春日大社のご祭神である武甕槌命《たけみかづちのみこと》が、遠く鹿島より、白い鹿に乗ってやってこられ、最初に降り立たれたという。御蓋山と言えば、小倉百人一首にも選ばれている「天の原振りさけ見れば春日なる三笠の山に出でし月かも」を思い出さずにはいられない（歌では「三笠」となっているが、現在は「御蓋」山と書く）。

作者の阿倍仲麻呂は奈良時代、遣唐使（留学生）として19歳で唐に渡った。唐の玄宗皇帝にも重用されるほど優秀であったために、結局日本に戻ることができないまま、75年の生涯を閉じた。この歌は、天平勝宝4年（752）、在唐35年が過ぎ、ようやく帰国できることになったときに開かれた送別会で詠まれたものだという。

54歳になっていた仲麻呂は、遠く唐の国で、美しい月を見上げ、ほかのどの場所でもなく、春日の御蓋山を想った。春日の地は、希望に胸を高鳴らせ、唐の国へ出発する者達の無事を祈る場所であったからでもあるだろう。おそらくこの時だけでなく、何度も何度も、故郷の月を思い出したに違いない。

しかし、仲麻呂が乗った船は暴風雨に遭い、現在のベトナムに漂着した。同じときに唐を出発した船には、それまで5回の渡航に失敗していた唐の高僧鑑真が乗っていた。ようやく日本に渡ることに成功した鑑真和上は、奈良時代の仏教はもちろん、建築、食文化、医療などにも大きな影響を与えることになる。

鑑真和上は、奈良時代の貴族、長屋王が中国の僧に贈った千枚の袈裟《けさ》に、「山川異域　風月同天　寄諸仏子　共結来縁」という漢詩が刺繍されていたことを知っていたという。

来日以来、一度も唐へ帰ることはなく、75歳の生涯を閉じた鑑真和上は、来日したときには失明していたとされる。奈良の夜長に、故郷の月に想いを遊ばせたこともあっただろうか。

# 第四章
# 奈良の夜は静かに更けて

「奈良の夜はつまらない」。
そういわれるたび、反論したくなる。
たしかに、近鉄奈良駅からすぐの商店街にある飲食店も
12時まで営業しているお店はそう多くはない。
それならいっそ
早めに夕食を済ませてしまって
夜の散歩を楽しんでみてはどうだろうか。

この章では
奈良の歴史を感じさせる夜のおすすめスポットや
行事について取り上げる。

# 春日大社の万燈籠

春日大社の参道や社殿が灯りに満たされる万《まん》燈籠《とうろう》は、年に2回。節分の日の夜と、8月14日、15日に行われる。

春日大社の境内には、石燈籠が約２０００基、釣燈籠が１０００基ある。そのほとんどは寄進されたもので、もっとも古いものは、平安時代末期に遡るという。

京都のある古い神社では、参道の石燈籠はＬＥＤに変えられ、スイッチひとつで操作できるようになったと聞いたが、春日大社の万燈籠では、ひとつひとつ、人の手によって、灯りが入る。大変な手間だと思うが、奉納した人々の祈りに、灯りを入れる方々の祈りが重なることで、温かみのある灯りになるのだと思う。

参道にずらりと並ぶ石燈籠に導かれるように、一之鳥居から二之鳥居へ。南門をくぐると、本殿に続く回廊の釣燈籠が出迎えてくれる。

釣燈籠の灯りが照らす社殿の朱色はしっとりと濡れたように見える。おしゃべりな友人とでかけても、いつの間にかお互い無口になってしまうのだ。

Data

**春日大社**

●奈良市春日野町160／tel. 0742-22-7788●交通：JR奈良駅・近鉄奈良駅から奈良交通バス「春日大社本殿」行で「春日大社本殿」下車すぐ、または奈良交通バス「市内循環・外回り」で「春日大社表参道」下車徒歩約10分●Map：p104●開門時間：夏期（4月～9月）6時～18時／冬期（10月～3月）6時30分～17時

# 生駒山上からの夜景

大阪と奈良の境にそびえる生駒《いこま》山。古代には神武天皇が越えた山だ。

大阪から夜遅く車で奈良へ帰ってくるとき、阪奈道路の生駒越えの道が楽しみでたまらなかった。大阪の夜景、奈良の夜景がカーブを曲がるたびに目に飛びこんでくる。一日の疲れが飛んでいくような気がした。

阪奈トンネルが開通してからは、ほとんど生駒越えのルートは通らなくなったが、ときどき夜景を見たくなると信貴生駒スカイラインへと向かう。

料金はかかるが、夕日駐車場、パノラマ駐車場、鐘の鳴る展望台と夜景を楽しめるスポットが続く。特にパノラマ駐車場からは、大阪と奈良の夜景を同時に見ることができる。

ときには、近鉄生駒駅から徒歩約3分の鳥居前駅でケーブルカーに乗り、夜の宝山寺参道をぶらぶらと歩いて、坂道の合間から除く夜景を眺めるのもいい。大正7年に開業した日本最古といわれるケーブルカー。ブル号、ミケ号という犬と猫のデザインの車両にあたると、大人も少しうれしくなる。

Data

**生駒ケーブル**

●交通：宝山寺へは近鉄生駒駅から生駒ケーブル「鳥居前」より「宝山寺」下車●料金：片道大人290円（宝山寺駅まで）● Map：p107 ●問合せ：生駒ケーブル／ tel. 0743-73-2121

**信貴生駒スカイライン**

●営業時間：3月～10月 6時30分～24時／11月～2月 6時30分～23時●料金：登山口（山上口）ICから生駒山上料金所まで、乗用車で往復720円。全線往復1,940円● Map：p107 ● tel. 0743-74-2125

## 若草山の夜

若草山山頂の展望台から見る夜景は、新日本三大夜景のひとつだ。ちなみに他の2カ所は福岡県北九州市の皿倉山、山梨県山梨市の笛吹川フルーツ公園。

これまで、香港、函館、六甲山、長崎…旅先で心に残る夜景はたくさんあるが、若草山からの夜景には、百万ドルとか、十万ドルという形容詞はそぐわない。派手ではないが、平城宮跡の朱雀門と大極殿が見え、そこから碁盤状に広がる道路の様子もわかる。なにより、奈良は夜空が美しく、そこが奈良ならではの夜景を創り出していると思う。

展望台までは奈良奥山ドライブウェイを利用する。7月16日から31日の毎週金曜～日曜と祝日と8月は15日以外の毎日、奈良交通定期観光バスの「夜の奈良公園・平城宮跡めぐり」も運行されている（JR奈良・近鉄奈良駅から午後6時半ごろ出発。大人1500円）。

**Data**

**奈良奥山ドライブウェイ**

●営業時間：8時～23時（12月1日～3月15日は22時まで）●料金：新若草山コース 普通自動車520円●Map：p106●問合せ：新若草山自動車道株式会社／奈良市三条町511-3／tel. 0742-26-7213

**奈良交通定期観光バス**

●奈良交通総合予約センター／tel. 0742-22-5110（受付8時30分～19時、年中無休）※インターネットで予約も可能

# 東大寺の鐘、奈良太郎

毎晩8時になると、東大寺転害門《てがいもん》から歩いて3分の場所にある仕事場に、東大寺の鐘の音が届く。回数は18回。地を這《は》うような重低音である。

東大寺の鐘は奈良時代に鋳造されたもので、長さ3・86メートル、口径2・71メートル、重さは26・3トン。東大寺で昔から「大鐘」と呼ばれているのも納得だが、一般的には、「奈良太郎」というニックネームのほうがおなじみかもしれない。鐘楼《しょうろう》は、鎌倉時代に栄西が再建したもの。鐘も鐘楼もどちらも国宝で、「東大寺の鐘」は南都八景にも数えられている。

奈良に引っ越してきたばかりの頃。ふと、この鐘を間近で聞いてみたくなり、夜の境内に向かった。鐘楼付近にいるのは私だけ。心細くなり始めたら、1台、また1台…とタクシーがやってきた。「もうすぐ鐘がつかれますよ」。タクシーの運転手さんが観光客を案内してきたのだ。毎年大晦日には1回につき8人で除夜の鐘をつくこともできる(午後10時半ごろから整理券配布。先着順)。

Data

**東大寺鐘楼**

●交通：JR奈良駅・近鉄奈良駅から市内循環バス「大仏殿春日大社前」下車●Map：p104●問合せ：東大寺寺務所／奈良市雑司町406-1／tel. 0742-22-5511

# 奈良公園の鹿の声

雌鹿を恋う雄鹿が鳴くのだという。鹿の声は、秋の季語にもなっているが、秋も深まった夜更けに、奈良公園を歩いているときに、どこからともなく鹿の声が聞こえてくることがある。

俳聖・松尾芭蕉は「ぴいと啼く尻声悲し夜の鹿」と詠んだが、あの鳴き声を文字にするなら、「ぴい」よりも「ヒュウウウー」という感じだろうか。

「奥山に紅葉踏み分け鳴く鹿の声聞くときぞ秋は悲しき」（猿丸太夫）という和歌も思い浮かぶ。闇に響く鹿の声は、秋の愁いそのものである。

Data

奈良公園

●問合せ：奈良公園事務所／奈良市芝辻町543／tel. 0742-22-0375

# 若草山山焼き

約600発の冬の花火が夜空を彩った後、若草山に火がつけられ、みるみるうちに炎が山頂まで広がってゆく。東大寺南大門あたりまで、パチパチという火の音、草が焼けるにおいがしてくる。

毎年1月第4土曜日に行われている若草山山焼きは江戸時代にはすでに行われるようになっていたようだが、始められたきっかけは判然としない。現在の山焼きの目的は、「先人の鎮魂と慰霊、防災と平安を祈ること」とされ、春日の大とんど、金峯山寺の山伏さんが先導する聖火行列、野上神社での春日大社の祭礼、東大寺、興福寺の読経なども行われている。燃えさかる炎は、聖なる火といってよいと思う。

Data

**若草山山焼き**

●毎年1月第4土曜開催 ● Map：p104 ●問合せ：奈良県奈良公園室／ tel. 0742-27-8677

# 3つの修二会

奈良に春を呼ぶ伝統行事といえば東大寺二月堂の修二会《しゅにえ》。歴史を重ねた分、奥の深い法会《ほうえ》で、連日連夜熱心に通う「お水取りファン」には到底かなわないが、それでも毎年二度、三度とお参りしたくなってしまう。さらに、3月の終わりになると、薬師寺の修二会花会式《はなえしき》があり、4月8日に新薬師寺の修二会まで、それぞれに歴史と魅力あふれる修二会が続くのである。ちなみに、修二会とは、旧暦2月に行われる法会のこと。明治時代の改暦以来、3月に行われる習いとなった。実は東大寺と薬師寺の修二会は昼間も見どころが多いが、夜の闇、静けさの中にあってこそ、より魅力を増す面が大いにあると思う。

二月堂で行われる東大寺修二会（左頁とも）／左頁：お水取り

## 【東大寺二月堂修二会】

奈良時代、大仏様の開眼供養が行われた天平勝宝4年（752）から実に1265回（2016年現在）。一度も途絶えることなく続けられてきた稀有な行法で、正式には「十一面観音悔過法会」という。3月1日から14日まで（正確には15日の未明まで）さまざまな行事が行われるが、もっともよく知られているのは毎晩上がるお松明《たいまつ》で、「お水取り」とともに、この法会の通称になっているほどである。

松明は、入堂する練行衆《れんぎょうしゅう》の足元を照らすためのもの。天井を焦がすほど燃えさかりつつ、登廊をゆっくりと上がっていく様子も迫力があるが、本来の役目を終えたあとのお松明が、欄干から大きく突き出されるとき、くるくると回されながら火の粉を散らすとき、何度見ても歓声を上げてしまう。毎晩10本の松明が上がるのだが、大きな籠松明が11本揃う12日（ただし、入場制限があるので要注意）、10本のお松明がずらりと欄干に並ぶ14日はとりわけ迫力がある。

そして、お松明が終わったらすぐに帰ってしまわずに、二月堂正面でご本尊様に手を合わせ、東西南北にある局《つぼね》のいずれかで、しばし声明を聴聞することをすすめたい。

Data

**東大寺修二会**

●毎年3月1日～15日●お松明：3月1日～11日・13日 19時ごろから／12日 19時30分ごろから／14日 18時30分ごろから●詳しい行事日程は東大寺ホームページで http://www.todaiji.or.jp/

**東大寺二月堂**

●交通：JR奈良駅・近鉄奈良駅から市内循環バス「大仏殿春日大社前」下車●Map：p104

牛玉宝印

## 【薬師寺の修二会花会式】

「花会式」と呼ばれることも多い。白鳳時代のご本尊・薬師如来に祈りを捧げる法要で、正しくは「修二会花会式薬師悔過法要」。薬師寺で3月25日から31日までの7日間行われ、梅、桃、桜、山吹、椿、牡丹、藤、百合、杜若、菊の10種類の造花がお供えされるのが特徴だ。約900年前の嘉承2年（1107）、堀川天皇が皇后の病気平癒を薬師如来様に祈願されたところ、無事快復された。そのため、皇后が宮中で造花を作り、毎年の修二会に供えられたことに始まるという。10人の練行衆の間近で、六時の行法を聴聞できる。とりわけ午後7時からの「初夜の行法」では、突然堂内の灯りが消され、鐘、太鼓、法螺《ほら》の音の続き、利剣をかざした咒師《しゅし》が走りまわり、足を踏みならす場面には心を奪われる。午前3時から5時ごろまでの後夜《ごや》・晨朝《じんぢょう》の法要も独特の荘厳さがある。昼の法要も含め、練行衆のすぐ間近、散華がはらはらと舞い落ちてくる距離で直接聴聞できるのがしみじみありがたい。結願《けちがん》を飾る「鬼追い式」は多くの人で賑わう。

薬師寺の修二会花会式。右頁：本尊薬師如来を祀る金堂での法要／左上：初夜の行法、疾走する咒師／左下：鬼追い式

**Data**

**薬師寺花会式（修二会）**

● 毎年3月23日～31日 ● 法要は3月25日夜から、鬼追い式は3月31日20時30分ごろから ● 詳しい日程は薬師寺ホームページ で http://www.nara-yakushiji.com/

**薬師寺**

● 奈良市西ノ京町457／ ● 交通：近鉄西ノ京駅から徒歩すぐ ● 奈良市西ノ京町457／ tel. 0742-33-6001 ● Map：p106

## 【新薬師寺の修二会】

4月8日の午後5時ごろから行われるのが、新薬師寺の修二会。東大寺の末寺であるため、当山ご住職の中田定観師に続く僧侶やお松明を担ぐ童子さんが、東大寺のその年の修二会とほぼ重なるメンバーとなる。薬師悔過法要後の午後7時ごろから、長さ7メートルほどの大松明10本と籠松明1本が、本堂の外側をゆっくりと巡る。参詣者のすぐ目の前で、お松明が大きく振られる様子は迫力満点。松明に足元を照らされ、入堂した僧侶によって、本尊薬師如来の前で行われる法要は、5時からの法要同様にすぐ間近で聴聞できる。また、年によっては境内の桜の満開とも重なる。

Data

**新薬師寺修二会**

●毎年4月8日●修二会時は参拝無料

**新薬師寺**

●奈良市高畑町1352／tel. 0742-22-3736●交通：JR奈良駅・近鉄奈良駅から奈良交通バス「市内循環」で「破石町」下車徒歩約10分●Map：p104●通常拝観：拝観料 大人600円／拝観時間：9時〜17時

石段に置かれた氷の灯火が幻想的。左上：当日行われる「ひむろしらゆきサロン」

# 氷室神社　氷献灯

奈良市内で一番最初に咲く枝垂れ桜も有名な氷室《ひむろ》神社。名前の通り、氷室（冷蔵庫）や氷池（製氷所）の守り神様を祀っている古社で、毎月1日の夜（1月のみ午前0時～4時、その他は日没から午後9時ごろ）まで、氷献灯を行うことができるのをご存じだろうか。誰でも予約不要でできるので、旅の思い出にもなると思う。

ひとり1000円を納め、絵馬に願いごとや名前を書き、その上に四角くきりだした氷を置く。お祓いのあと、氷を石段に置き、そっと灯をともす。最初は氷の表面が白っぽく見えるが、時間がたつにつれ、透き通ってゆくのを見るのも楽しい。

同じ日の夜7時ごろからは、社務所でさまざまなジャンルの方をゲストに招く「ひむろしらゆきサロン」も行われる。

Data

**氷室神社**

● 奈良市春日野町1-4／tel. 0742-23-7297 ● 交通：JR奈良駅・近鉄奈良駅から奈良交通バス「市内循環」で「氷室神社・国立博物館前」下車すぐ ● Map：p104 ● 境内無料 ● 通常の開門時間：4月～10月 6時～18時／11月～3月 6時30分～17時30分

**氷献灯**

● 毎月1日、2月11日、8月15日、11月23日の日没から21時ごろに実施、1月のみ0時ごろ～4時ごろ

# 元興寺　怪談

狂言、舞などお手頃な値段で日本の伝統文化にふれることができ、観光客に人気がある「ならまちナイトカルチャー」（奈良市主催）。例年、夏には「真夏の怪談」と題し、恐い落語と講を聞いて、涼しい気分になろうという企画が加わる。

会場は元興寺《がんごうじ》の禅室。国宝で、ふだんは非公開の特別な場所だ。怪談が終わるのは夜の9時。奈良の古いお寺はほとんどそうだが、元興寺にも霊園があるわけではない。ただ、禅室のすぐ前に、浮図田《ふとでん》といって、界隈にあった石仏や五輪塔が2000基以上も集められている。また、元興寺といえば、かつては夜な夜な鬼が出たという言い伝えもある。

こわい話を聞いたあとの境内は、昼間よりも何倍も広く、底知れぬ闇がそこここに感じられる。

毎年7月23、24日に行われる地蔵会の夜の浮図田

Data

**元興寺**

●奈良市中院町11／tel. 0742-23-1377●交通：近鉄奈良駅から徒歩約15分、または奈良交通バス「天理駅」「下山」「窪之庄」行のいずれかで「福智院」下車すぐ●Map：p105●通常拝観：拝観料 大人500円／拝観時間 9時～17時（入門16時30分まで）

**ならまちナイトカルチャー**
**真夏の怪談**

●例年夏（7月下旬～8月上旬ごろ）開催●参加有料●問合せ：奈良市総合財団ならまち振興事業部門／奈良市鳴川町37-4／tel. 0742-27-1820

## 大仏蛍

6月初旬から7月初旬にかけて、年によっても違うが、この時期、空気が湿っぽく重たく感じられる夜は、たぶん大仏蛍に逢える。

東大寺の境内にある大湯屋《おおゆや》の前にある谷川周辺で、夜8時ごろから飛び始める。ちょうど鐘楼で奈良太郎の鐘がうたれるのが午後8時。この前後をねらっていくとちょうどいい。乱舞というほどの数ではないのだが、やはり場所が特別なだけに、ホタルの点滅が見えたときには感激する。

それにしても、大仏蛍とはありがたい名前だが、実際はゲンジボタルと同じ種類なのだそうだ。奈良ではとかく大きなものに「大仏」がつく。

昔はあたり前のように飛んでいた大仏蛍が、昭和40年ごろから少なくなってきたことを愁い、東大寺で「大仏蛍を守る会」ができ、幼虫を育てることを続けてきたのだそうだ。そういえば、二月堂へ向かう裏参道の溝に、「大仏蛍の幼虫がいます」という張り紙がしているのを見たことがある。

Data

**大仏蛍**

●東大寺大湯屋付近●交通：JR奈良駅・近鉄奈良駅から市内循環バス「大仏殿春日大社前」下車● Map：p104

ライトアップされる鍋倉渓

# イワクラの村に流れる岩の川のライトアップ

山添村の神野山中腹にある鍋倉渓《なべくらけい》。最初にこの光景を見たときには絶句した。

丸みを帯びた真っ黒な、大きな岩が川のように続いている。転がってきた岩がストップモーションの魔法をかけられたようで、ふとした瞬間にまたごろごろと動きそうだ。

地元には、このあたりに棲む天狗と伊賀に棲む天狗とが争って投げ合った岩だという伝説がある。実際は山の表面が長い長い時間をかけて風化し、土になっていく過程で、特に硬い部分がこのような形で残り、しかも谷に集まったものだという。

夏場はライトアップされる。昼間見るのとはまた違って、まるで地上の天の川のような幻想的な表情を見せてくれる。

Data

**鍋倉渓**

●山辺郡山添村大字大塩 ●交通：自家用車で名阪国道神野口IC下車神野山方面へ／JR奈良駅・近鉄奈良駅から奈良交通バス「北野」行で終点下車徒歩約1.8㎞ ●Map：p106

**神野山鍋倉渓ライトアップ**

●8月上旬〜中旬 ●問合せ：神野山観光協会／tel. 0743-87-0285

# 東大寺 十七夜盆踊り

ふだんの東大寺境内とは明らかに違う夜がある。それは毎年9月17日の夜。二月堂の堂内に万灯明がともされ、周辺には万灯籠が飾られる。鏡池の南から二月堂までの参道の石灯籠にも火が入り、午後6時からの法要のあと、二月堂下の広場では河内音頭、江州音頭の盆踊りが賑やかに始まる。

広場の中央には、櫓《やぐら》が組まれ、そのまわりを、浴衣や衣装に身を包み踊る人、人、人の輪。踊りに加わる人、楽しそうに眺めている人で、広場はいっぱいになってゆく。

関西で最後に行われる盆踊りで、「関西の踊りじまい」とも呼ばれるとも。疲れなど知らないように、踊りは夜9時過ぎまで続く。

Data

**東大寺の十七夜盆踊り**

●毎年9月17日、18時～21時ごろ開催●会場：二月堂下広場●交通：JR奈良駅・近鉄奈良駅から市内循環バス「大仏殿春日大社前」下車●Map：p104

# 奈良 灯りや光のイベントいろいろ

奈良市内の夜を彩るイベントといえば、夏の「なら燈花会」（8月5日～14日）と、冬の「しあわせ回廊　なら瑠璃絵」（2月中旬）。「なら燈花会」は奈良公園一帯の8か所で、合計約2万本のろうそくを灯すもので、一方「しあわせ回廊　なら瑠璃絵」は、春日大社、興福寺、東大寺の三社寺を、古来から神聖な色とされてきた瑠璃色の光でつなぐという催し。どちらも大変な人出だが、一度は見る価値があると思う。

7月下旬から9月下旬にかけ、東大寺南大門、興福寺五重塔をはじめ、猿沢池、浮見堂、仏教美術資料センターなどがライトアップされる「ライトアッププロムナード・なら」という取り組みで、観光案内所などで、散策ルートやおすすめのお店をまとめたガイドブックも無料配布される。自分のペースで、のんびり奈良の夜を楽しむことができるところがいいと思う。

ライトアップされる奈良の名所。右頁：浮見堂／上：東大寺、鏡池から見る回廊と大仏殿／次頁：なら瑠璃絵

Data

**なら燈花会**

●開催時期：8月5日～14日の10日間●開催場所：奈良公園一帯●問合せ：燈花会の会／奈良市三条町547／ tel. 0742-21-7515／ホームページ http：//www.toukae.jp/

**しあわせ回廊　なら瑠璃絵**

●開催時期：2月上旬～中旬●開催場所：奈良公園一帯●問合せ：なら瑠璃絵実行委員会事務局／奈良市登大路町49 奈良県奈良公園猿沢池観光案内所内／ tel. 0742-20-0214

**ライトアッププロムナード・なら**

●開催時期：7月中旬～9月下旬●開催内容：春日大社一の鳥居、興福寺五重塔、東大寺大仏殿など、世界遺産や歴史的建造物をライトアップする●問合せ：奈良県奈良公園室／奈良市登大路町30／ tel. 0742-27-8677

なら瑠璃絵。
奈良春日野国際フォーラム 甍～I・RA・KA～
の庭園が瑠璃色の光で包まれる

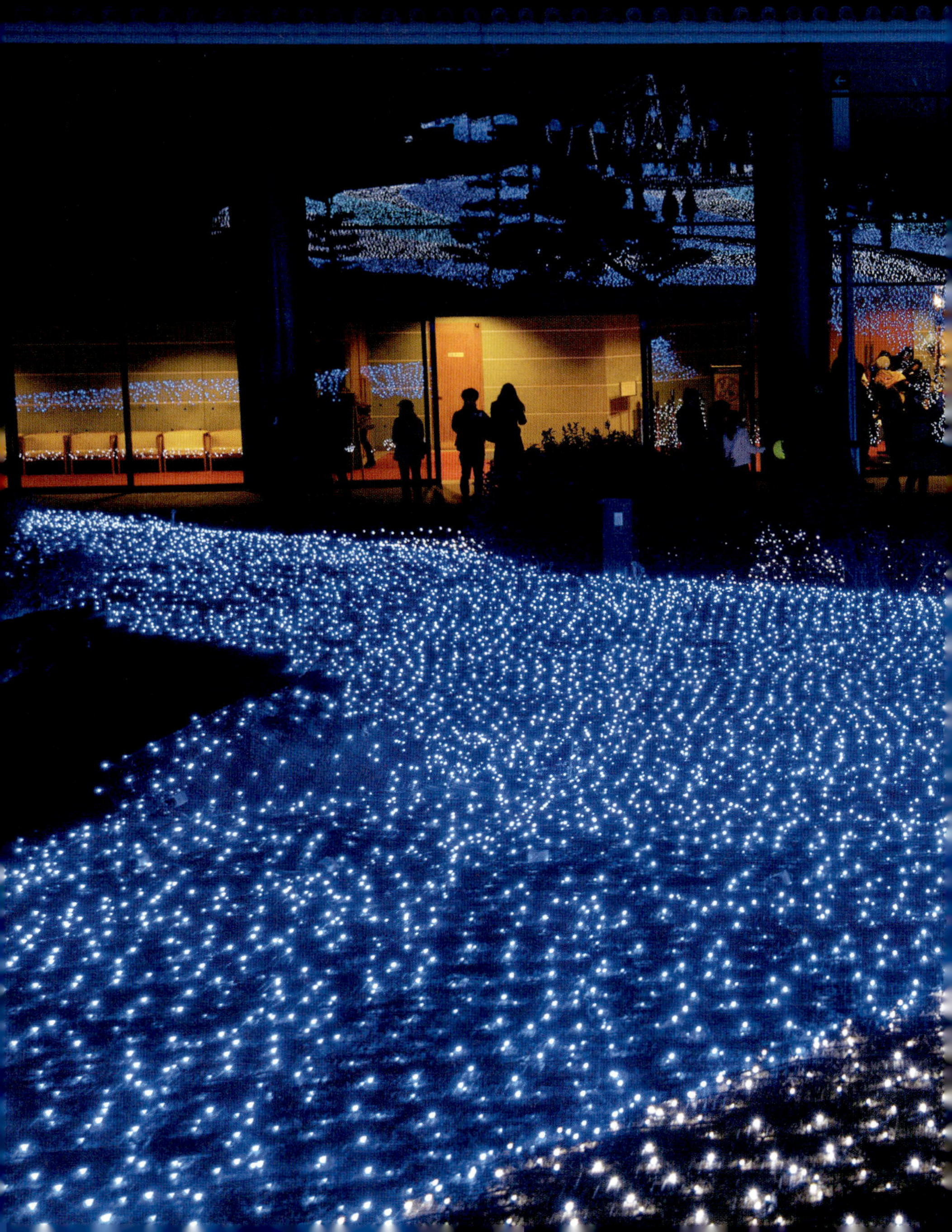

## 中秋の名月

奈良では多くの社寺などで、中秋の名月を愛でる会が催される。ゆったりとした気持ちで十五夜の月を眺めたいと思うと、一晩でいくつもの行事をはしごするのはむずかしい。去年はここだったから今年はあそこへ…と毎年行く場所を替えたいと思いながら、私は毎年、唐招提寺の観月讃仏会《かんげつさんぶつえ》につい足が向いてしまう。大学時代、恩師が山口から奈良の唐招提寺のお月見へわざわざでかけたと聞いて以来、憧れていたせいもある。

例年なら御影堂で行われる献茶式は、２０１６年は平成大修理中で別の場所になる予定だが、金堂での午後6時からの法要と開扉は今年も変わりないだろう。夜の闇を背景に、金堂に並んでおられる本尊の盧舎那仏《るしゃなぶつ》坐像と千手観音立像、薬師如来立像（すべて国宝）のお姿が、まるで月の光に照らし出されるように、金色を帯びて浮かび上がる。実際は、仏様に美しい十五夜を見ていただいているの

唐招提寺の観月讃仏会。金堂では暗がりの中に本尊・盧舎那仏坐像、薬師如来立像、千手観音立像のお姿が浮かび上がる

だという。仏様といっしょに月を仰ぐことができるありがたさに、いつも私は胸がいっぱいになってしまう。

同じ日の夜、他にも、大和郡山の慈光《じこう》院《いん》で行われる観月会へはぜひ一度行ってみたい。美しい庭園を眺めながら、石州流の茶席（午後5時から、参加費2000円）が持たれるという。また、猿沢池では采女祭《うねめまつり》が行われる。前日の宵宮祭に続き、中秋の名月のもと、2隻の管絃船が、流し灯籠が浮かぶ池面に遊んだ後、花扇を投じるというあでやかな行事だ。

Data

**唐招提寺　観月讃仏会**

●毎年中秋の名月の日●場所：金堂・御影堂前庭（平成大修理中は御影堂見学不可）●交通：近鉄西ノ京駅から700メートル／JR奈良駅・近鉄奈良駅から奈良交通バス「六条山」行で「唐招提寺」下車すぐ●Map：p106

右：興福寺五重塔の向こうに昇る月／上：采女祭／下：慈光院観月会

Data

**采女祭**

●毎年中秋の名月の日●17時～花扇奉納行列／18時～神事●19時～管絃船の儀●場所：猿沢池(采女神社)●問合せ：采女祭保存会(奈良市観光協会内)／奈良市上三条町23-4／tel. 0742-22-3900

Data

**慈光院**

●大和郡山市小泉町865／tel. 0743-53-3004●交通：JR大和小泉駅から徒歩約18分(1.4km)、または奈良交通バス「近鉄郡山駅」行で「片桐西小学校」下車／近鉄郡山駅から奈良交通バス「法隆寺」「小泉駅東口」行のいずれかで「片桐西小学校」下車●Map：p106

**観月会**

●毎年中秋の名月の日、17時～21時(受付は20時30分まで)●参加費：2,000円

# 第五章 奈良でとっておきの夜ごはん

「とかく奈良はうまいものがないところだ」
文豪・志賀直哉が随筆にこう書いたために
「奈良にうまいものなし」といわれるようになった。
でも、随筆を読み直してみると、
志賀は「豆腐は旨い…」と言ってくれているし、
第二章で紹介した料理旅館江戸三（26頁）の若草鍋は
大のお気に入りで、自ら命名したという。
なにより志賀はほかのどこよりも長く、奈良高畑町で暮らしたし、
関東に引っ越してからも度々奈良を訪れた。
食通でもあった志賀は、案外奈良でおいしいものを食べていたのではないか。

実際のところ
奈良には「うまいもの」がたくさんあると胸をはって言いたい。
この章で紹介するのは、私が県外から来た人をおもてなししたいときに
繰り返し訪れるお店である。
おいしくて、奈良らしい食材をうまく使っていて、落ち着いた雰囲気もいい。
そしてどのお店のオーナーも
奈良を愛する人ばかりである。

# 秋篠の森
# なず菜

近鉄電車の大和西大寺駅からタクシーで10分ほど。秋篠寺のほど近くにある小さな森の一角にあるお店。奈良県産の旬の食材をふんだんに使った料理がコースでいただける。

ちなみに5月夜のメニュー（7560円）は、「手作り豆腐　大和《やまと》当帰《とうき》塩とオリーブオイル」、「花山葵と糸もずくの土佐酢ジュレ」と続き、揚げ物や鍋物を挟んで、ごはん、デザートの「杏仁豆腐　実山椒のシロップがけ」まで。テーブルごとに置かれた端正な手書き文字のメニューには、使っている奈良県食材が別にまとめてあるので、特に奈良県外から来た方には喜んでもらえる。

このお店で特に好きなのが、フルートグラスに旬の食材を彩りよく盛りつけたカクテルサラダ風の一品。ジュレの酸味がほどよく、食欲もそそられる。

親しい方と会話を楽しみながら、一品一品ゆっくりと味わううちに、大きな窓から見える景色にも静かに夜の帳がおりてゆく。

Data

秋篠の森 なず菜

● 奈良市中山町1534／ tel. 0742-52-8560 ● 交通：近鉄大和西大寺駅から奈良交通バス「押熊」行で「平城中山」下車徒歩約5分 ● Map：p106 ● 営業時間：昼 11時～12時30分／13時～14時30分／夜 19時～21時（土日祝のみ）● 要予約 ● 火曜休

食材の組み合わせや盛り付け、器使いだけでなく、窓辺に飾った木の実、ずらりと並ぶ手作りの果実酒（右）など、お店のあちこちに、オーナー・石村由起子さんのセンスが感じられる

# 都のイタリアン イ・ルンガ

東大寺南大門に向かう交差点からすぐの場所にある、とっておきのリストランテ。通りに面した格子戸を開けると、築100年を超える武家屋敷を改装した風格ある建物と、石燈籠もある庭が迎えてくれる。オーナーシェフの堀江純一郎さんは、イタリアはピエモンテ州で修業した後、東京・西麻布で開店。そして、7年前に奈良へ。この場所と出会い、古都奈良にふさわしい「都のイタリアン」で勝負したくなったそうだ。

堀江さんの料理の魅力は実直なところ。食材の組み合わせが斬新なものでも、一口食べると、まるで長年の定番であるかのような味わいに仕上げられている。いつも驚きと安心感との両方を感じながら、コースを愉しむことができる。取材の日のパスタはイカスミを練り込んだタリオリーニ。具材はホタルイカ、カラスミ、行者ニンニク、ウルイ、コゴミなどの山菜。もちろんパスタは自家製。それから、私が特に好きなのが、奈良産のヨモギを使ったパンナコッタ。まろやかで濃厚なパンナコッタには、ほろ苦く、香り高いヨモギがよく合う。決して気取ったお店ではないのだが、少しドレスアップをして、ゆったりとディナーを味わいたいときには、このお店へぜひ。

自家製のパスタ（右）もそうだが、どの一皿も味、香り、歯ごたえが異なる食材の組み合わせに、堀江さん（左）のセンスが光る。左下がヨモギのパンナコッタ

Data

**イ・ルンガ**

●奈良市春日野16 夢風ひろば内／tel. 0742-93-8300●交通：JR奈良駅・近鉄奈良駅より奈良交通バス「市内循環・外回り」で「氷室神社・国立博物館」下車徒歩約1分／近鉄奈良駅より徒歩約12分●Map：p104●営業時間：ランチ 11時30分～15時／ディナー 18時～22時●不定休

# 天麩羅 天仁

奈良の名店「つる由」が出している天麩羅専門店。12席のカウンターのみで、目の前で旬の魚介や野菜を次々と揚げてくれる。夜のメニューは「若葉」4000円から「萩」1万円まで4種類。私のおすすめは、懐石風の季節の3品のあと、天麩羅、天茶か天重、デザートの「紅葉」6000円。

このコースでは天麩羅は16品も。海老は、ぷりっとした身の部分とは別に、頭の部分も香ばしく揚げたもの。甘みのあるグリーンアスパラガス、ナガイモを大葉で巻いて…など、どれも衣は薄く、太白ごま油でからっと揚げてあるので、どんどん箸が進む。辛過ぎない大根おろしとカレー塩、抹茶塩など3種類の塩、レモン汁が添えられ、うれしいことに大根おろしはおかわりもできる。店長の西中涼一さんは、ひとりひとりのペースを見ながら、実にタイミングよく天麩羅を揚げてくれるだけでなく、お客さんとの会話の分量もほどよい。だから、女性ひとりでも気兼ねなく、楽しく食事ができる。必ず予約を。

Data

天麩羅　天仁

● 奈良市下御門町35／tel. 0742-26-3770 ●交通：近鉄奈良駅より徒歩約10分 ● Map：p105 ● 営業時間：11時30分〜21時（途中休憩あり）●月曜定休

短冊を模した長皿（右頁・左下）など器も素晴らしい。次々とテンポよく天麩羅をサービスしてくれる西中さん（右頁・右下）

# コトコト

とかく「夜が早い」といわれる近鉄奈良駅界隈で、平日も週末も24時まで営業している貴重なお店（日曜は夜のみ休み）。大和伝統野菜を愛してやまない三浦雅之さん、陽子さんご夫妻の「粟」が運営しているだけあって、野菜の使い方がとてもうまい。ディナーアラカルトも魅力的だが、奈良らしく、しかもコストパフォーマンスがよいのはAコース。やさしい味わいの季節野菜のスープ、ちょっと珍しい大和伝統野菜もふんだんに使った8品を一皿に盛りつけた前菜プレート。この段階でかなりお腹いっぱいになるが、このあと、季節野菜のフリット、大和牛の三種盛りと続き、小さなデザートと飲み物で大満足になる。

スタッフの説明もとてもていねいで、きっと新しい野菜の名前を覚えて帰ることができるはず。曽爾《そに》高原ビール、奈良の地酒も充実している。猿沢池からすぐのならまちセンター1階にあり、ちょっとしたギャラリースペースも奈良関連の展示が行われることが多い。

Data

Kitchen&Dining coto coto

●奈良市東寺林町38　奈良市ならまちセンター1F ／ tel. 0742-22-6922 ●交通：近鉄奈良駅から徒歩約8分／ JR奈良駅から徒歩約15分●Map：p105●営業時間：昼 11時30分～17時（ラストオーダー16時30分、ランチオーダーは14：00まで）／夜 18時～24時（ラストオーダー23時、コースオーダーは21時30分まで●火曜定休（日曜日の夜は休）

具だくさんのスープと彩りも美しい前菜プレート（右上）。大和牛は旨みが濃く、食べ応えがある（左下）

# 奈良の雑貨とカフェBAR ことのまあかり

奈良を愛する女性クリエイターたちがあるじ（経営者）をつとめる雑貨店「旅と暮らしの玉手箱　フルコト」の二号店。一号店とは違い、飲食ができるようにした理由は、「以前、イベントで天平時代をイメージした器、食べ物、お酒を楽しむ会を企画したら好評で、自分たちもとても楽しかったから」とあるじのひとりの生駒あさみさん。看板メニューの「須恵器でおつまみ」セット600円を注文してみた。鹿児島の窯元・琴鳴堂製作の須恵器に、おそらく天平人たちも食べていただろう、蘇《そ》（牛乳を煮詰めたもの）、栗、鴨肉が盛りつけられて出てきた。お酒も、大和の枕詞から名付けられた「そらみつビール」、日本酒は「大伴家持」「額田姫王」、焼酎は「鑑真」「不比等」など、天平時代にちなんだ銘柄のものがずらり。どれにしようか迷ったときは、カウンターのあるじに話しかけてみるに限る。きっと奈良の古今に関するあれこれへ、おしゃべりが弾むはずだ。

「おつまみセット」鴨はさっと焼いて香ばしく（上左）。夏場は削氷（かき氷のこと）も大人気。あるじの生駒あさみさん（下左の右）と伊藤多恵さん

Data

**奈良の雑貨とカフェ BAR
ことのまあかり**

● 奈良市小西町2・2F ／ tel. 0742-24-9075 ● 交通：近鉄奈良駅から徒歩約3分 ● Map：p105 ● 営業時間：土日 11時〜21時／月・水〜金 14時〜20時 ● 火曜定休（臨休あり）

**Data**

**アレ!! ル トレッフル**

●奈良市北袋町32-5-102／tel. 0742-20-0660 ●交通：近鉄奈良駅より徒歩約15分 ●Map：p104 ●営業時間：15時～23時（L.O.）●水曜定休（不定休あり）

「おまかせ前菜5種の盛り合わせ」（上左）はいろいろな味わいが一度に楽しめるお得な一皿。尾持さん（右下）はワインの産地にもこまめに足を運ぶ

# アレ!! ル トレッフル

私の仕事場がある奈良きたまちにある日本産ワインとおいしい料理のお店。ほとんどお酒が飲めないくせに、通いたくなってしまう。オーナーでソムリエの尾持由洋さんが作る料理は約40種類。必ずオーダーするのは少しずつおすすめの料理を盛り合わせた「おまかせ前菜5種の盛り合わせ」1000円。それから、「いろんなナッツの粒マスタードとメイプルシロップ和え」400円。どれもちょっと洒落ていて、とてもおいしい。ちなみに店名は「がんばれ、クローバー」という意味のフランス語。日本産ワインが常時50種類はスタンバイしていて、「渋みの少ない赤」とか「辛口の白」と好みを伝えればおすすめをピックアップしてくれる。葡萄ジュースにも赤と白があり、下戸の私にも選ぶ楽しさがほんの少し味わえる。午後3時から開店していて、夕方は女性がひとりで来られることも多いそうだ。

## Map I　奈良市内（きたまち～東大寺～奈良公園～春日大社）

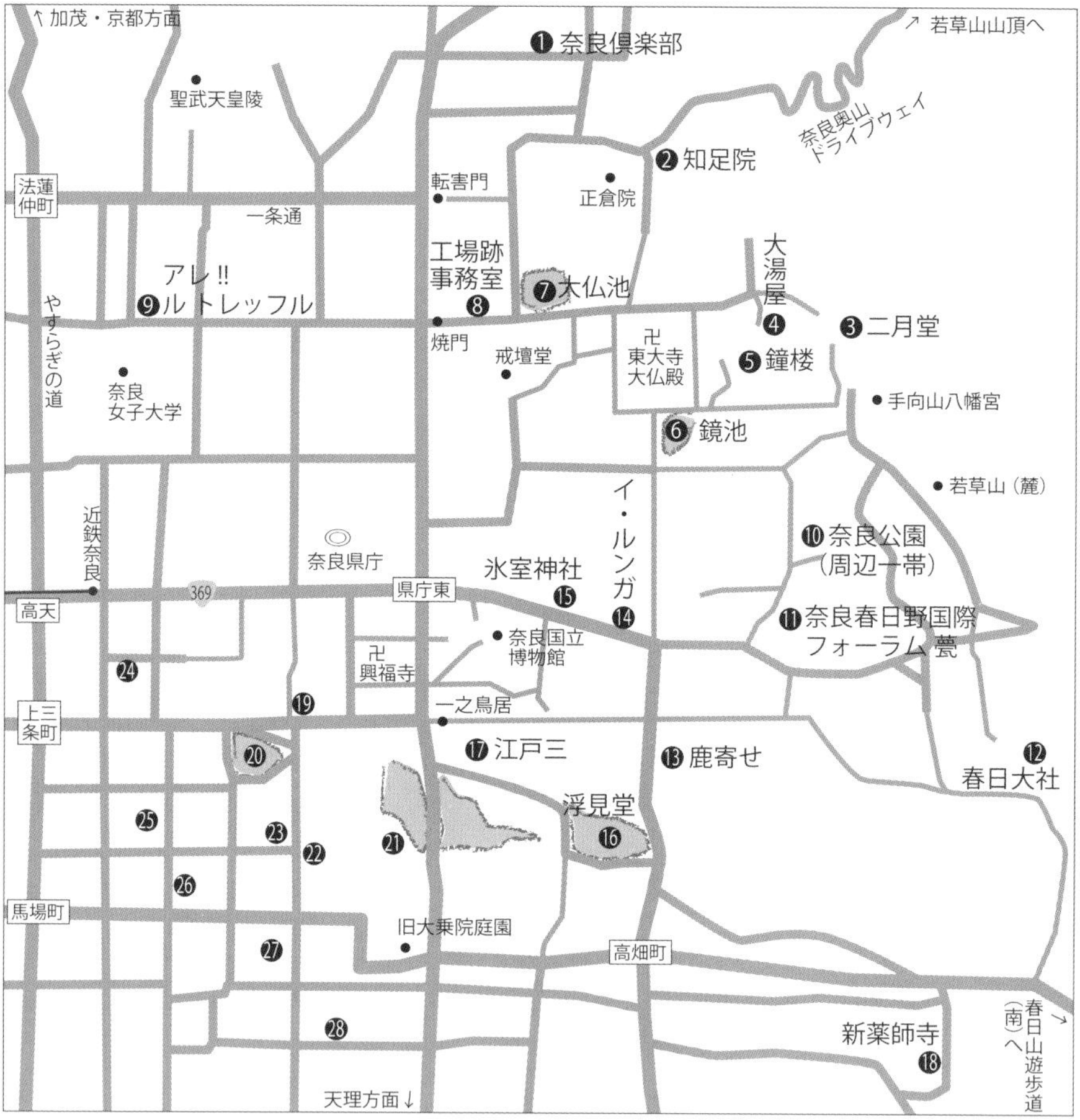

# Map Ⅱ　奈良市内（興福寺～奈良町～JR奈良駅）

❶　小さなホテル 奈良倶楽部（p30-p31）
❷　知足院（p22-p23）
❸　東大寺二月堂（p12、p57）
❹　東大寺大湯屋（p81）
❺　東大寺鐘楼（p68）
❻　鏡池（p85）
❼　大仏池（p14）
❽　工場跡事務室（p40）
❾　アレ!! ル トレッフル（p103）
❿　奈良公園（p69）
⓫　奈良春日野国際フォーラム 甍（p86-p87）
⓬　春日大社（p64-p65）
⓭　飛火野の鹿寄せ（p8-p9）
⓮　イ・ルンガ（p96-p97）
⓯　氷室神社（p78-p79）
⓰　浮見堂（p84）
⓱　江戸三（p26-p27）
⓲　新薬師寺（p76-p77）
⓳　興福寺五重塔（p90-p91）
⓴　猿沢池（p58、p91）
㉑　奈良ホテル（p36-p37）
㉒　ホテルサンルート奈良（p39）
㉓　コトコト（p100-p101）
㉔　ことのまあかり（p102）
㉕　大宿所（p59）
㉖　天麩羅 天仁（p98-p99）
㉗　元興寺（p80）
㉘　十輪院（p38）
㉙　紀寺の家（p32-p33）
㉚　鹿の舟・竈（p41）
㉛　ホテル日航奈良（p28-p29）

# Map Ⅲ　奈良県北部（奈良市～大和郡山市～斑鳩町）

❶ 若草山山頂（p67）
❷ 春日山原始林（p10-p11）
❸ 春日山遊歩道（南）（p10-p11）
❹ 平城宮跡（p42-p47）
❺ 秋篠の森　なず菜（p94-p95）
❻ 喜光寺（p18）
❼ 唐招提寺（p16、p88-p89）
❽ 薬師寺（p17、p74-p75）
❾ 霊山寺（p19）
❿ 慈光院（p91）
⓫ 斑鳩の里（p52-p53）
⓬ 法隆寺iセンター（p52-p53）

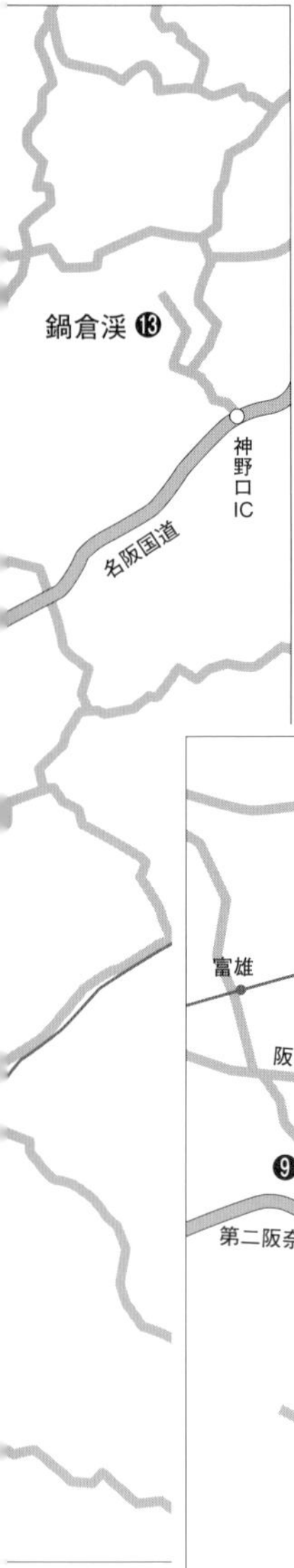

# Map Ⅳ　奈良県北中部広域

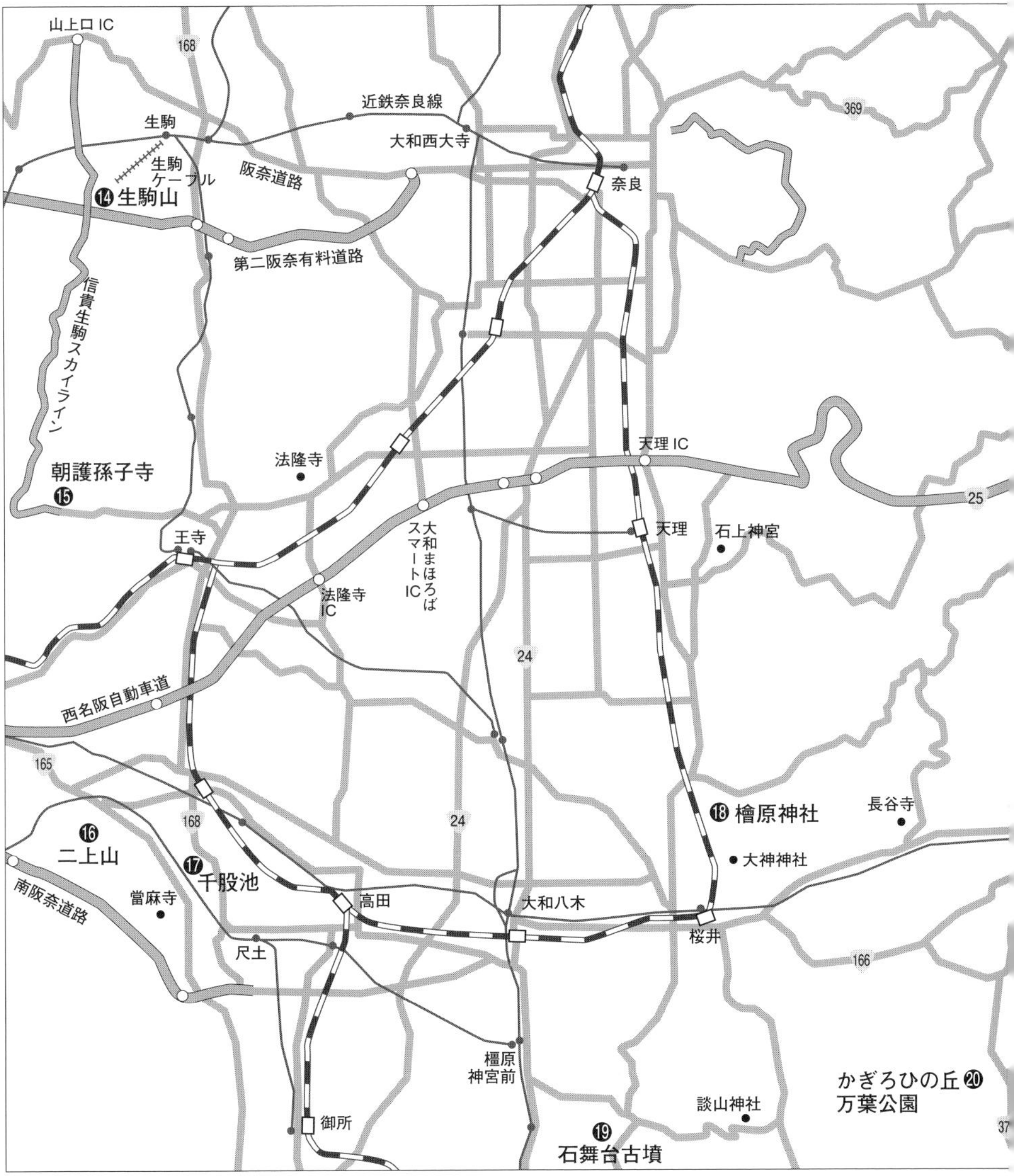


⓭　鍋倉渓（p82）
⓮　生駒山（p66）
⓯　朝護孫子寺（p34-p35）
⓰　二上山（p54-p55）
⓱　千股池（p54-p55）
⓲　檜原神社（p56）
⓳　石舞台古墳（p50-p51）
⓴　かぎろひの丘万葉公園（p20-p21）

**知足院　地蔵会 → p22-p23　Map：p104**
日時：7月24日　所在地：奈良市雑司町406　交通：近鉄奈良駅から徒歩約20分

夜

**ならまちナイトカルチャー　真夏の怪談 → p80　Map：p105**
毎年夏（7月下旬〜8月上旬ごろ）　会場：元興寺　奈良市中院町11
交通：近鉄奈良駅から徒歩約15分、またはバス「福智院」下車すぐ
問合せ：奈良市総合財団ならまち振興事業部門　TEL 0742-27-1820

**大仏蛍 → p81　Map：p104**
場所：東大寺大湯屋付近　交通：バス「大仏殿春日大社前」下車

**神野山鍋倉渓ライトアップ → p82　Map：p106**
8月上旬〜中旬　所在地：山辺郡山添村大字大塩
問合せ：神野山観光協会　TEL 0743-87-0285

**東大寺の十七夜盆踊り（二月堂下広場）→ p83　Map：p104**
毎年9月17日、18時〜21時ごろ　交通：バス「大仏殿春日大社前」下車

**なら燈花会 → p84-p85　Map：p104**
8月5日〜14日の10日間　場所：奈良公園一帯　問合せ：燈花会の会　tel. 0742-21-7515

**ライトアッププロムナード・なら → p84-p85　Map：p104**
7月中旬〜9月下旬　場所：奈良市内各所（世界遺産や歴史的建造物をライトアップ）
問合せ：奈良県奈良公園室　TEL 0742-27-8677

## 夏と秋

朝

**霊山寺のバラ → p19　Map：p106**
バラ見頃時期は5月・6月・10月・11月　所在地：奈良市中町3879
交通：バス「霊山寺」下車

## 夏と冬

朝

**鹿寄せ → p8-p9　Map：p104**
夏と冬に期間限定で実施
場所：春日大社内飛火野　交通：バス「春日大社表参道」下車徒歩すぐ

夜

**春日大社　万燈籠 → p64-p65　Map：p104**
中元万燈籠 8月14日〜15日、19時ごろ〜21時30分ごろ／節分万燈籠 節分の日、18時ごろ〜20時30分ごろ
交通：バス「春日大社表参道」下車徒歩約10分

## 秋

夜

**唐招提寺　観月讃仏会 → p88-p89　Map：p106**
毎年中秋の名月の日　場所：金堂・御影堂前庭（平成大修理中は御影堂見学不可）
交通：近鉄西ノ京駅から700メートル／バス「唐招提寺」下車すぐ

**慈光院　観月会 → p88-p91　Map：p106**
毎年中秋の名月の日、17時〜21時（受付は20時30分まで）　所在地：大和郡山市小泉町865
交通：JR大和小泉駅から徒歩約18分、またはバス「片桐西小学校」下車

**采女祭 → p88-p91　Map：p105**
毎年中秋の名月の日、17時〜 花扇奉納行列／18時〜神事／19時〜 管絃船の儀
場所：猿沢池（采女神社）　問合せ：采女祭保存会（奈良市観光協会内）　TEL 0742-22-3900

## 冬

朝

**かぎろひを観る会 → p20-p21　Map：p107**
旧暦11月17日にあたる日　会場：かぎろひの丘万葉公園　宇陀市大宇陀迫間25
交通：バス「大宇陀高校」下車徒歩約3分　問合せ：宇陀市観光協会　TEL 0745-82-2457

夜

**東大寺の鐘「奈良太郎」（東大寺鐘楼）→ p68　Map：p104**
交通：バス「大仏殿春日大社前」下車

**若草山山焼き → p70-p71　Map：p104**
毎年1月第4土曜開催　問合せ：奈良県奈良公園室　TEL 0742-27-8677

**しあわせ回廊　なら瑠璃絵 → p84-p87　Map：p104**
2月上旬〜中旬　場所：奈良公園一帯
問合せ：なら瑠璃絵実行委員会事務局　TEL 0742-20-0214

# 季節別　掲載情報一覧

※季節、時間帯ごとに掲載情報を一覧化しています（宿・食事を除く）。詳細はそれぞれ本文記事をご参照下さい

## 通年

### 朝

**春日山　朝のウォーキング（春日山遊歩道）→ p10-p11　Map：p106**
常時開放　交通：入口（北）へはバス「春日大社本殿」下車徒歩約10分、入口（南）へは「破石町」下車徒歩約10分

**東大寺　朝の散策→ p12-p13　Map：p104**
境内参拝自由（大仏殿・法華堂・戒壇堂の入堂は拝観時間あり、有料）
交通：バス「大仏殿春日大社前」下車、または近鉄奈良駅から徒歩20分

**大仏池→ p14　Map：p104**
所在地：奈良市雑司町　交通：近鉄奈良駅より徒歩約15分／JR奈良駅より徒歩約30分

### 夕

**夕暮れの石舞台古墳 → p50-p51　Map：p107**
所在地：高市郡明日香村島庄　交通：明日香周遊バス「石舞台」下車徒歩約3分

**斑鳩の道（生駒郡斑鳩町）→ p52-p53　Map：p106**
問合せ：斑鳩町観光協会　法隆寺iセンター　TEL 0745-74-6800

**二上山の夕景（千股池湖畔）→p54-p55　Map：p107**
所在地：香芝市良福寺　交通：近鉄二上神社口駅または当麻寺駅から徒歩約15分

**檜原神社から見る夕景 → p56　Map：p107**
所在地：桜井市三輪　交通：バス「箸中」下車徒歩約20分

**東大寺二月堂から見る夕景→p57　Map：p104**
交通：バス「大仏殿春日大社前」下車

**猿沢池の黄昏 → p58　Map：p105**
交通：近鉄奈良駅から徒歩約5分／JR奈良駅から徒歩約15分

**大宿所の音を聞く→ p59　Map：p105**
交通：近鉄奈良駅から徒歩約8分

### 夜

**生駒山上からの夜景 → p66　Map：p107**
交通：生駒ケーブルまたは信貴生駒スカイライン利用
問合せ：生駒ケーブル TEL 0743-73-2121／信貴生駒スカイライン TEL 0743-74-2125

**若草山からの夜景 → p67　Map：p106**
交通：奈良奥山ドライブウェイ利用　問合せ：新若草山自動車道株式会社　TEL 0742-26-7213／奈良交通定期観光バス利用　問合せ：奈良交通総合予約センター　TEL 0742-22-5110

**夜に聞く鹿の声（奈良公園）→p69　Map：p104**
問合せ：奈良公園事務所　TEL 0742-22-0375

**氷室神社　氷献灯 →p78-p79　Map：p104**
毎月1日、2月11日、8月15日、11月23日の日没から21時ごろ、1月のみ0時ごろ～4時ごろ　所在地：奈良市春日野町1-4　交通：バス「氷室神社・国立博物館前」下車すぐ

## 春

### 夜

**東大寺二月堂修二会 → p72-p73　Map：p104**
毎年3月1日～15日　お松明：3月1日～11日・13日19時ごろから／12日 19時30分ごろから／14日 18時30分ごろから　交通：バス「大仏殿春日大社前」下車

**薬師寺花会式（修二会）→ p74-p75　Map：p106**
毎年3月23日～31日　法要は3月25日夜から、鬼追い式は3月31日20時30分ごろから
所在地：奈良市西ノ京町457　交通：近鉄西ノ京駅から徒歩すぐ

**新薬師寺修二会 → p76-p77　Map：p104**
毎年4月8日　所在地：奈良市高畑町1352　交通：バス「破石町」下車徒歩約10分

## 夏

### 朝

**奈良・西ノ京ロータスロード → p15-p18**
毎年夏に実施（年により期間変更あり）　問合せ：奈良市観光協会　TEL 0742-27-8866
※唐招提寺の蓮の開花時期：鉢植え6月中旬～7月下旬、蓮池7月中旬～9月初旬（変動あり）
所在地：奈良市五条町13-46　交通：近鉄西ノ京駅から700メートル　Map：p106
※薬師寺の蓮の開花時期：6月下旬～8月上旬　所在地：奈良市西ノ京町457
交通：近鉄西ノ京駅から徒歩すぐ　Map：p106
※喜光寺の蓮の開花時期：6月中旬～8月上旬　所在地：奈良市菅原町508
交通：近鉄尼ヶ辻駅より徒歩10分／近鉄西大寺駅より徒歩20分　Map：p106

## おわりに

知れば知るほど
自分は奈良のことを本当は何もわかっていないことを
思い知らされる。
近頃そんなふうに感じている。

本書ではそれほど目新しい場所を取り上げることはしていないが、
よく知っている場所だけど、時間帯によって
こんな表情があったのか…
そんなふうに思っていただけたら、著者としてはとてもうれしい。

時間帯の細かい注文に応じ、多くの撮影をしてくださった石井均さん、
取材のアシスタントをしてくれた石井直子さんご夫妻にまず御礼申し上げます。
また、取材の協力や写真提供をしてくださった皆様にも心からの感謝を込めて。

写真提供（敬称略・順不同）

石井均　カバー、目次、本文頁（左記以外）
植田英介　22頁上（知足院地蔵会）、23頁
ナンシー・エンスリン　36～37頁
谷規佐子　31頁（奈良倶楽部室内・朝食）
野本暉房　64・72～77・81・88頁、91頁上（采女祭）
水野真澄　25～26頁、27頁上（江戸三室内）、32～33・39～40・94～101頁

宇陀市観光協会　20～21頁
奈良国立博物館　22頁下（地蔵菩薩立像）
ホテル日航奈良　28～29頁
奈良ホテル　37頁（奈良ホテル室内）
氷室神社　78頁左上（ひむろしらゆきサロン）
奈良市総合財団　80頁左（ならまちナイトカルチャー）
慈光院　91頁下（観月会）

著者紹介

倉橋みどり［くらはし・みどり］
一九六六年、山口県生まれ。山口県立山口女子大学国文科卒業。地域文化誌『あかい奈良』の編集長を約七年つとめ、現在、奈良きたまちの古民家を使用したアトリエ「踏花舎」を拠点に、編集者・ライターとして雑誌・新聞での企画・執筆を手がける。奈良の文化や歴史を発信する「NPO法人 文化創造アルカ」の代表を務め、多彩な講座やイベントを実施。俳人としても活動し（俳人協会幹事、『晨』同人）、カルチャーセンター各社で京都・奈良の散策講座、俳句講座の講師を担当。入江泰吉旧居コーディネーター、武庫川女子大学非常勤講師も務める。著書に『北を見るひと』（角川学芸出版）、『祈りの回廊をゆく～奈良町・高畑編』（飛鳥園）、『奈良を愉しむ　奈良 大和路の紅葉』（淡交社）他。

装訂　株式会社ザイン（大西和重・大西未生）
地図作成　株式会社ひでみ企画（松井美弥子）

奈良を愉しむ
奈良の朝歩き、宵遊び

平成二十八年九月十六日　初版発行

著者　倉橋みどり
発行者　納屋嘉人
発行所　株式会社 淡交社
本社　〒六〇三-八五八八　京都市北区堀川通鞍馬口上ル
営業（〇七五）四三二-五一五一
編集（〇七五）四三二-五一六一
支社　〒一六二-〇〇六一　東京都新宿区市谷柳町三九-一
営業（〇三）五二六九-七九四一
編集（〇三）五二六九-一六九一
http://www.tankosha.co.jp

印刷製本　図書印刷株式会社


ISBN978-4-473-04118-0